ESSAI

DE

MYTHOLOGIE COMPARÉE

PARIS. — IMPRIMERIE DE J.-B. GROS ET DONNAUD
RUE CASSETTE, 9.

ESSAI

DE

MYTHOLOGIE COMPARÉE

TRADUIT DE L'ANGLAIS

DE M. MAX MÜLLER

PROFESSEUR A L'UNIVERSITÉ D'OXFORD.
CORRESPONDANT DE L'ACADÉMIE DES INSCRIPTIONS ET BELLES-LETTRES.

PARIS
A. DURAND, LIBRAIRE
RUE DES GRÈS, 7

LONDRES
W. NORGATES, LIBRAIRE
14, HENRIETTA STREET
Covent Garden.

1859

PRÉFACE.

Le savant éditeur du Rig-Véda, M. Max Müller, a publié l'année dernière dans les *Oxford Essays* un morceau intitulé *Comparative Mythology*. où l'auteur s'est proposé de faire connaître au public anglais quelques-uns des plus importants résultats obtenus par la méthode comparative appliquée aux mythologies. J'ai pensé que ce remarquable essai pourrait être lu avec non moins de profit par notre public, encore peu initié aux belles recherches qui ont fait, dans ces dernières années, envisager sous un jour nouveau l'histoire des religions de l'antiquité. J'ai donc engagé une personne zélée pour ces études à traduire le morceau entier. On a ensuite retranché les développements qui paraissaient les moins intéressants pour le lecteur français, et on a cherché à ramener l'exposition de certaines parties à une forme accommodée à notre goût; mais les opinions de M. Müller n'ont été modifiées sur aucun point. J'aime à croire que l'essai de M. Müller inspirera à quelques personnes le désir de lire les grands ouvrages originaux où son démontrés les résultats exposés ici d'une manière sommaire, et en particulier les travaux de M. Kuhn. C'est là, suivant moi, la grande veine des travaux contemporains. On a souvent dit que la découverte du sanscrit et de la philologie comparée serait regardée dans un ou deux siècles comme un événement aussi considérable que le fut pour le monde latin la découverte de la littérature grecque au quinzième siècle. Je crois cela vrai, non dans l'ordre *classique* (les littératures grecque et latine ne seront jamais détrônées dans les écoles ni privées du droit exclusif qu'elles ont de présider à notre éducation grammaticale et littéraire), mais dans l'ordre de la *science* et de la critique. Or, je n'hésite pas à égaler presque à la découverte des Bopp et des Schlegel, celle des jeunes et ingénieux philologues qui ont les premiers aperçu, dans les Védas et la littérature qui s'y rapporte, la clef des antiquités religieuses de notre race, et prouvé que la famille indo-européenne n'a d'abord eu qu'un seul système de traditions religieuses et poétiques, comme elle n'a d'abord eu qu'un seul idiome. Dans vingt ans, si la série de ces belles études n'est pas interrompue par l'indifférence du public et l'inintelligence de ceux qui devraient les encourager, nous parlerons de l'état religieux et moral de nos ancêtres ariens avec presque autant de certitude que l'on parle aujourd'hui des Grecs et des Romains.

ERNEST RENAN.

MYTHOLOGIE COMPARÉE.

PHÈDRE.

Vois-tu ce haut platane ?

SOCRATE.

Certainement.

PHÈDRE.

Il y a de l'ombre en cet endroit ; le vent n'y est pas trop fort, et on y trouve du gazon pour s'asseoir ou se coucher.

SOCRATE.

Allons-y donc.

PHÈDRE.

Dis-moi, Socrate, n'est-ce pas en quelque endroit près d'ici que Borée enleva Orithye de l'Ilissus ?

SOCRATE.

On le dit.

PHÈDRE.

Ne serait-ce pas en cet endroit-ci ? les eaux y sont pures et transparentes, et les rives semblent faites tout exprès pour les jeux des jeunes filles.

SOCRATE.

Non, c'est à deux ou trois stades plus bas, à l'endroit où l'on traverse le fleuve pour aller au temple d'Agra : il y a là, quelqu part, un autel de Borée.

PHÈDRE.

Je ne l'avais pas remarqué. Mais dis-moi, par Zeus, ô Socrate crois-tu que ce mythe soit vrai ?

SOCRATE.

Si, comme les sages, je ne le croyais pas, je ne serais pas fort embarrassé. Je pourrais inventer une théorie ingénieuse, et dire qu'un souffle de Borée, le vent du nord, précipita Orithye du haut des rochers du voisinage pendant qu'elle jouait avec son amie Pharmacée, et qu'étant morte de cette manière, elle passa pour avoir été enlevée par Borée, à cet endroit ou à l'Aréopage, car les deux versions ont également cours. Quant à moi, Phèdre, je pense que ces explications sont fort ingénieuses, mais elles exigent un grand effort d'esprit, et elles mettent un homme dans une position assez difficile; car, après s'être débarrassé de cette fable, il est obligé d'en faire autant pour le mythe des Hippocentaures et pour celui des Chimères. Puis, une foule de monstres non moins effrayants se présentent, les Gorgones. les Pégases, et d'autres êrres impossibles et absurdes. Il faudrait de grands loisirs à un homme qui ne croirait pas à l'existence de ces créatures, pour donner une explication plausible de chacune d'elles. Pour moi, je n'ai pas de temps à donner à ces questions, car je ne suis pas encore arrivé, selon le principe de l'oracle de Delphes, à me connaitre moi-même, et il me semble ridicule qu'un homme qui s'ignore s'occupe de ce qui ne le concerne pas. En conséquence, je laisse ces questions, et tout en croyant ce que croient les autres, je médite, comme je viens de le dire, non sur elles, mais sur moi-même, pour savoir si je suis un monstre plus compliqué et plus sauvage que Typhon, ou bien une créature plus douce et plus simple, jouissant naturellement d'un sort heureux et modeste... Mais pendant que nous causons, mon ami, ne sommes-nous pas arrivés à cet arbre où tu devais nous conduire?

PHÈDRE.

Voici l'arbre même.

Ce passage de l'Introduction du *Phèdre* de Platon a été fréquemment cité pour montrer ce que le plus sage des Grecs pensait des rationalistes de son temps. Il y avait alors à Athènes, comme dans tous les pays et à toutes les époques, des hommes qui, n'ayant ni la foi au miraculeux et au surnaturel, ni le courage moral de nier complétement ce qu'ils ne pouvaient croire, essayaient de trouver des explications possibles pour mettre d'accord les légendes sacrées transmises par la tradition, consacrées par des observances religieuses et sanctionnées par l'autorité de la loi, avec les principes de la raison et les règles de la nature. Il ressort, au moins, clairement du passage précité et de plusieurs autres de Platon et de Xénophon, que Socrate, quoiqu'il ait été accusé d'hérésie, n'avait pas une très-haute idée de ce genre de spéculation, qu'il trouvait ces explications plus incroyables et plus absurdes que les plus incroyables absurdités de la mythologie grecque, et que même, à une certaine époque de sa vie, il traitait ces tentatives d'impies.

M. Grote, dans son ouvrage classique sur l'histoire de la Grèce, s'appuie sur ce passage et sur d'autres semblables, pour donner à Socrate une place parmi les historiens et les critiques dans le sens que notre temps a donné à ces mots. En cela, il fait dire au philosophe ancien plus qu'il ne dit réellement. Le but que se propose la critique moderne, en étudiant les mythes de la Grèce ou de toute autre nation de l'antiquité, est si différent de celui de Socrate, que les objections qu'il émettait contre ses contemporains rationalistes ne peuvent guère s'appliquer à nous. On peut même montrer, je crois, qu'à notre point de vue, l'étude de ces mythes fait partie du problème que Socrate considérait comme le seul digne de la philosophie. Quel est le motif qui nous fait aujourd'hui rechercher l'origine des mythes grecs, étudier l'histoire ancienne, acquérir la connaissance des langues mortes, et déchiffrer d'illisibles inscriptions? Pourquoi trouvons-nous de l'intérêt non-seulement à la littérature de la Grèce et de Rome, mais encore à celles de l'Inde, de la Perse, de l'Égypte et de la Babylonie anciennes? Pourquoi les légendes puériles et souvent repoussantes de tribus sauvages attirent-elles notre attention? Qu'est-ce qui donne de la vie à l'étude de l'antiquité? Qu'est-ce qui pousse de nos jours les hommes à consacrer leurs loisirs à des études en apparence si peu utiles, sinon la conviction que, pour obéir au commandement de l'oracle de Delphes, pour savoir *ce qu'est l'homme*, nous devons savoir *ce qu'il a été?* C'est là une considération qui devait rester aussi étrangère à Socrate que les principes mêmes de philosophie inductive, par lesquels Colomb, Léonard de Vinci, Copernic, Képler, Bacon et Galilée ont renouvelé la vie intellectuelle de l'Europe moderne. Nous accordons à Socrate que le principal objet de la philosophie est de se connaître soi-même; mais nous trouvons insuffisante la méthode par laquelle le philosophe prétendait arriver à cette fin. Pour lui l'homme était surtout l'individu. Il cherchait à découvrir le mystère de la nature humaine, en méditant sur son propre esprit, en étudiant le travail secret de l'âme, en analysant les organes de la connaissance, et en essayant d'en déterminer les limites exactes. Pour nous, l'homme n'est plus cet être solitaire, complet en lui-même et se suffisant à lui-même; l'homme pour nous est un frère parmi des frères, un membre d'une classe, d'un genre ou d'une espèce, et, par conséquent, on ne peut le comprendre qu'en le comparant à ses égaux. La terre était inintelligible pour les anciens, parce qu'ils la considéraient comme isolée et sans pareille dans l'univers; mais elle prit une véritable et nouvelle signification, dès qu'elle apparut aux yeux de l'homme comme une planète entre plusieurs autres planètes, toutes gouvernées par les mêmes lois et tournant autour du même centre. Il en est ainsi de l'âme humaine; sa nature se présente à nous sous un aspect différent, depuis que l'homme a appris à se connaître, depuis qu'il sait qu'il est un membre d'une grande famille une étoile parmi des myriades d'étoiles errantes, toutes gouvernées par les mêmes lois, tournant autour du même centre et tirant leur lumière d'une source commune. L'histoire du monde, ou, comme l'on dit, « l'histoire universelle, » a ouvert de nouvelles voies à la pensée, et a enrichi notre langue d'un mot que ne prononcèrent jamais ni Socrate, ni Platon, ni Aristote, l'*humanité*. Où les Grecs voyaient des barbares, nous voyons des frères; où les Grecs voyaient des héros et des demi-dieux, nous voyons nos ancêtres; où les Grecs enfin voyaient des nations (ἔθνη), nous voyons des hommes qui travaillent et qui souffrent, qui sont séparés par des océans, divisés de langage et désunis par des haines nationales, mais qui tendent cependant de plus en plus, sous une impulsion divine, à l'accomplissement d'un impénétrable dessein.

L'histoire, avec ses pages antiques, est de la sorte pour nous un livre aussi sacré que celui de la nature. Nous cherchons à retrouver dans tous les deux le reflet d'une sagesse divine. De même que nous ne reconnaissons plus dans la nature d'œuvres de démons ni de manifestations d'un mauvais principe, ainsi nous nions que l'histoire soit une agglomération atomistique de hasards ou l'application despotique d'un destin aveugle. Nous croyons qu'il n'y a rien d'irrationnel dans l'histoire ni dans la nature, et que l'esprit humain doit y lire et y révérer les manifestations d'un pouvoir divin. Aussi, les pages les plus anciennes et les plus altérées de la tradition nous sont plus chères peut-être que les documents les plus explicites de l'histoire moderne. L'histoire de ces temps reculés, en apparence si étrangère à nos intérêts modernes, prend un charme infini dès que nous y voyons l'histoire de notre propre famille. Bien des choses sont encore inintelligibles pour nous, et le langage hiéroglyphique de l'antiquité ne retrace qu'à demi les procédés que suivit l'esprit humain, à une époque où il n'avait pas conscience de lui-même. Cependant l'image de l'homme, en quelque climat que nous la rencontrions, se présente à nous pure et noble dès l'origine : nous apprenons à comprendre ses erreurs, nous commençons à interpréter ses rêves. Quelque anciennes que soient les empreintes de l'homme dans les plus profondes stratifications de l'histoire, nous voyons que le don divin d'une intelligence sûre et solide lui appartint dès le commencement. On ne peut plus soutenir l'opinion que l'humanité soit sortie lentement des abîmes de la brutalité animale. Le langage, premier ouvrage d'art exécuté par l'esprit humain, plus ancien qu'aucun document littéraire, et antérieur même aux premiers murmures de la tradition, forme une chaîne non interrompue depuis les premiers âges de l'histoire jusqu'à nos jours. Nous parlons encore le langage des premiers ancêtres de notre race ; et ce langage, avec sa merveilleuse construction, témoigne contre le système qui voudrait assigner à l'espèce humaine les mêmes origines qu'à l'animal.

I.

Longtemps avant l'époque où nous apercevons les premières traces d'une littérature nationale dans l'Inde, la Perse, la Grèce, l'Italie et la Germanie, il y eut un âge pendant lequel se produisirent les mythes. La propagation et l'existence de ces mythes jusqu'à des époques rapprochées de nous constituent un phénomène étrange, et cependant beaucoup plus facile à comprendre que le fait primitif de leur création.

L'esprit humain a un respect inné pour le passé, et quelque barbares, immorales ou impossibles que puissent paraître les traditions léguées par les siècles, chaque génération les accepte et les façonne, en y découvrant parfois un sens plus vrai que les générations précédentes. Bien des natifs de l'Inde, quoique versés dans les sciences européennes et nourris des principes de la pure théologie naturelle, s'inclinent encore devant les images de Wichnou et de Siva et les adorent. Ils savent que ces images ne sont que des pierres, ils avouent que leurs sentiments se révoltent contre les impuretés attribuées à ces dieux par ce qu'ils appellent leurs livres sacrés ; cependant il y a d'honnêtes brahmanes qui soutiendront que ces histoires ont une profonde signification, et que l'immoralité étant incompatible avec un être divin, il faut supposer quelque mystère sous ces fables consacrées par le temps. Lors même que la religion chrétienne a gagné le cœur d'un Indien, la foi de son enfance se prolongera encore et éclatera parfois dans des expressions irréfléchies, de même que beaucoup de mythes de l'antiquité se sont glissés dans les légendes de l'Église catholique (1). Nous trouvons de fréquents indices qui établissent que les Grecs eux-mêmes étaient choqués des fables que l'on racontait de leurs dieux; cependant des hommes tels que Socrate ne voulaient pas renoncer aux croyances de leurs ancêtres. La latitude des mythologies antiques favorisait ces compromis. Quand la conception de la Divinité suprême devint plus pure, on comprit que l'idée de perfection, inséparable de l'Être divin, excluait la possibilité de dieux immoraux. Pindare, ainsi que le fait observer Otfried Müller (2), change beaucoup de mythes, parce qu'ils ne sont pas en harmonie avec sa conception plus élevée des dieux et des héros, et parce que, selon son opinion, ces mythes *doivent être faux*. Platon (3) nous offre un exemple d'exégèse toute semblable, quand il examine les différentes traditions sur Eros; dans le *Symposium*, Phédon (4) l'appelle le plus ancien, et Agathon le plus jeune des dieux; tous deux en s'appuyant sur l'autorité d'un ancien mythe.

Mais la conservation des noms mythiques, la longue durée des fables qui satisfaisaient les besoins religieux, poétiques et moraux de générations successives, quelque étrange et instructive qu'elle soit, n'est pas la vraie dif-

(1) Voyez l'introduction de Grimm à son grand ouvrage sur la *Mythologie teutonique*, seconde édition, 1844, p. XXXI.

(2) Voyez l'excellent ouvrage d'O. Müller, *Prolegomena zu einer wissenschaftlichen Mythologie*, 1825, p. 87.

(3) *Phèdre*, 242, E.

(4) *Symp.*, 176, C. Οὕτως πολλαχόθεν ὁμολογεῖται ὁ Ἔρως ἐν τοῖς πρεσβυτάτοις εἶναι· πρέσβύτατος δὲ ὢν μεγίστων ἀγαθῶν ἡμῖν αἴτιός ἐστιν. 195, A. Ἔστι δὲ κάλλιστος ὢν τοιόσδε· πρῶτον μὲν νεώτατος θεῶν, ὦ Φαῖδρε.

ficulté; le passé a ses charmes, et la tradition trouve d'ailleurs un puissant auxiliaire dans le langage. Nous parlons encore du soleil levant et du soleil couchant, d'arcs-en-ciel, de coups de tonnerre, parce que le langage a sanctionné ces expressions. Nous les employons, quoique nous n'y croyions pas. Mais comment, à l'origine, l'esprit humain fut-il amené à de telles imaginations? Comment les noms et les fables se formèrent-ils? Voilà la question que la philologie moderne a mille fois essayé de résoudre et à laquelle les résultats nouveaux acquis dans ces dernières années ont apporté des lumières inattendues.

Grâce à la philologie comparée, nous savons, en effet, quelque chose de l'époque pendant laquelle les nations ariennes (1), encore non divisées en peuples divers, formèrent leurs mythes. Quand même nous ne connaîtrions que les traditions de la Grèce, si obscures quand on les envisage isolément, nous pourrions en tirer bien des inductions sur l'époque qui précéda la première apparition de la littérature nationale en Grèce. Otfried Müller (2), quoiqu'il n'ait pu profiter de la lumière nouvelle que la philologie comparée a jetée sur cette époque arienne primitive, a dit : « La forme mythique de l'expression qui change tous les êtres en individus, tous les récits en actions, est quelque chose de si particulier que sa présence nous indique toujours *une époque distincte* dans la civilisation d'un peuple! » Depuis le temps où écrivait O. Müller, la philologie comparée

(1) On donne ce nom aux ancêtres communs de la race indo-européenne, alors qu'ils demeuraient encore dans leur berceau primitif, au nord de la Bactriane.

(2) *Prol. Myth.*, 78.

a ramené toute cette période dans la sphère de l'histoire positive, et il nous est permis maintenant de jeter un coup d'œil hardi sur l'état de la pensée, du langage, de la religion et de la civilisation à une époque où le sanscrit et le grec n'existaient pas encore, mais où tous deux, ainsi que le latin, l'allemand et les autres dialectes ariens, étaient contenus dans une langue commune, de même que le français, l'italien et l'espagnol ont été d'abord virtuellement renfermés dans le latin.

Quand même nous ne saurions rien de l'existence du latin, quand même tous les documents historiques antérieurs au quinzième siècle auraient été perdus, et que la tradition ne nous eût pas appris l'existence d'un empire romain, une simple comparaison des six dialectes romans nous permettrait de dire qu'à une certaine époque il dut y avoir une langue d'où tous ces dialectes modernes tirèrent leur origine ; sans cette supposition, en effet, il serait impossible d'expliquer les analogies que présentent ces dialectes. En examinant le verbe auxiliaire, nous trouvons :

Italien.	*Valaque.*	*Rhétien.*	*Espagnol.*	*Portugais.*	*Français.*
sono	sum (sunt)	sunt	soy	sou	suis
sei	es	eis	eres.	es	es
è	é (este)	ei	es	he	est
siamo	suntemu	essen	somos	somos	sommes
siete	sunteti	esses	sois	sois	êtes (estes)
sono	sunt	eàn (sun)	son	são	sont

Il est évident que toutes ces formes ne sont que des variétés d'un même type, et qu'il est impossible de prendre aucun de ces six paradigmes pour le modèle sur lequel les autres ont été construits. Nous pouvons ajouter que, dans aucune des langues auxquelles ces formes verbales appartiennent, nous ne trouvons les éléments qui auraient pu les composer. Quand nous trouvons des formes comme *j'ai aimé*, nous pouvons les expliquer par les radicaux que le français possède actuellement, et il en est de même des temps composés comme *j'aimerai*, c'est-à-dire *je aimer-ai*. Mais le changement de *je suis* en *tu es* est inexplicable par la grammaire française seule. De telles formes n'auraient pas pu naître sur le sol français ; elles ont dû se transmettre comme les restes d'une époque précédente ; elles ont dû exister dans quelque langue antérieure aux dialectes romans. Ici, nous ne sommes point obligés de nous en tenir à une simple supposition ; car nous possédons le verbe latin, et nous pouvons montrer comment, par suite de la corruption phonétique et en vertu d'analogies erronées, chacun des six paradigmes n'est qu'une métamorphose nationale du modèle latin.

Voici maintenant une autre série de paradigmes :

	Sanscrit.	*Lithuanien.*	*Zend.*	*Dorique.*	*Vieux slave.*	*Latin.*	*Gothiq.*	*Armén.*
Je suis	ásmi	esmi	ahmi	ἐμμί	yesme	sum	im	em
Tu es	ási	esi	ahi	ἐσσί	yesi	es	is	es
Il est	asti	esti	asti	ἐστί	yesto	est	ist	ê
Nous (deux) sommes	'svás	esva	...	.....	yesva	...	siju	...
Vous (deux) êtes	'sthás	esta	stho?	ἐστόν	yesta	...	sijuts	..
Ils (deux) sont	'stás	(esti)	sto?	ἐστόν	yesta	...	...	...
Nous sommes	'smás	esmi	hmahi	ἐσμές	yesmo	sumus	sijum	emq
Vous êtes	'sthá	este	stha	ἐστέ	yeste	estis	sijuth	êq
Ils sont	sánti	(esti)	henti	ἐντί	somte	sunt	sind	en.

Nous devons tirer les mêmes conclusions de ces formes grammaticales que des précédentes. Elles ne sont également que les variétés d'un même type ; il est impossible de considérer l'une d'elles comme ayant servi d'original aux autres ; enfin aucune des langues dans lesquelles se présentent ces formes verbales ne possède les éléments dont elles sont composées. Le sanscrit ne peut être considéré comme l'original d'où est dérivé tout le reste, ainsi que le prétendent plusieurs savants; car nous voyons que le grec a, dans plusieurs cas, gardé une forme plus primitive et plus organique que le sanscrit. Ἐσ-μές ne peut être dérivé du mot *smas*, parce que *smas* a perdu la radicale *a*, que le grec a conservée, la racine étant *as*, être, et la terminaison *mas*, nous, etc. Le grec ne peut être pris davantage pour le langage d'où sont dérivés les autres dialectes; car le latin lui-même n'en est pas dérivé et a conservé quelques formes plus primitives, par exemple, *sunt*, au lieu de ἐντί ou ἐνσί ou εἰσί. Ici, le grec a complétement perdu le radical *as*, ἐντί étant mis à la place de ἐσεντι, tandis que le latin a du moins, comme le sanscrit, gardé le radical *s* dans *sunt*=*santi*.

Tous ces dialectes nous conduisent donc à une langue plus ancienne dont ils sont dérivés, commes les dialectes romans le sont du latin. A l'époque reculée où nous portent ces inductions, il n'y avait pas encore de littérature pour nous conserver quelques traces de cette langue mère qui mourut en formant les dialectes ariens modernes, tels que le sanscrit, le zend, le grec, le latin, le gothique, le windique et le celtique. Cependant tout nous porte à croire que cette langue a été autrefois une langue vivante, parlée en Asie par une petite tribu, et à l'origine, par une petite famille vivant sous un seul toit, de même que la langue de Camoëns, de Cervantes, de Voltaire et de Dante fut autrefois parlée par quelques paysans qui avaient bâti leurs cabanes sur les sept collines, près du Tibre. Si nous comparons les deux conjugaisons que nous venons de présenter, nous verrons que les coïncidences entre le langage des Vedas et le dialecte parlé aujourd'hui par les recrues lithuaniennes à Berlin, sont beaucoup plus grandes qu'entre le français et l'italien; et il suffit de lire la *Grammaire comparée* de Bopp pour voir clairement que les formes essentielles de la grammaire ont été complétement établies avant que les membres divers de la famille arienne se soient séparés.

Mais la philologie comparée ne nous fournit pas seulement la preuve que cette période arienne primitive a existé; elle nous offre beaucoup de données sur l'état intellectuel de la famille arienne avant sa dispersion; et, ici encore, c'est aux langues romanes que nous devons demander nos analogies. Si nous trouvons dans tous les dialectes romans un mot comme *pont*, en italien *ponte*, en espagnol *puente*, en valaque *pod*, exactement le même partout, nous aurons le droit, après avoir tenu compte des particularités nationales, de dire que le mot *pons*, *pont*, était connu avant que ces langues se séparassent, et qu'en conséquence, l'art de bâtir des ponts doit avoir été connu à la même époque. Nous pourrions affirmer même, si nous ne savions rien du latin ou de Rome, qu'au moins avant le dixième siècle, les livres, le pain, le vin, les maisons, les villages, les villes, les tours et les portes, etc., étaient connus des peuples dont le langage a formé les dialectes modernes de l'Europe méridionale. Il est vrai que nous ne pourrions pas nous faire une peinture très-parfaite de l'état intellectuel du peuple romain, si nous étions obligé de construire son histoire avec des matériaux aussi insuffisants ; cependant, nous pourrions prouver que ce peuple exista réellement, et, en l'absence de tout autre renseignement, de telles lueurs, bien que partielles seraient précieuses. On comprend toutefois que le raisonnement inverse n'est pas légitime. De ce que chacun des dialectes romans a un nom différent pour certains objets, on n'est pas autorisé à conclure de là que ces objets ont été inconnus aux ancètres des nations romanes. Le papier était connu à Rome ; cependant il s'appelle *carta* en italien, *papier* en français.

Certes, nous ne devons point nous attendre à tirer de l'étude seule du langage une histoire complète de la civilisation arienne primitive, ni à donner dans tous ses détails une peinture de l'époque où la langue d'Homère et celle des Védas n'étaient pas encore formées. Cependant nous pouvons comprendre par quelques traits rares, mais significatifs, cette période de l'histoire de l'esprit humain qu'on a appelée à tort un passé qui n'eut jamais de présent.

	Sanscrit.	*Zend.*	*Grec.*	*Latin.*	*Gothique.*	*Slave.*	*Irland.*
Père :	pitár	patar	πατήρ	pater	fadar	...	athair
Mère :	mâtar	mâtar	μήτηρ	mater	...	mati	mathair
Frère :	bhrâtar	brâta	(φράτηρ)	frater	brôthar	brat	brathair
Sœur :	svásar	khanha	...	soror	svistar	sestra	siur
Fille :	duhitar	dughdhar	θυγάτηρ	...	dauhtar	(Lith.) dukte	dear

Le simple fait que les noms de *père*, *mère*, *frère*, *sœur* et *fille* sont les mêmes dans beaucoup de langues ariennes, pourrait, à première vue, sembler insignifiant ; cependant ces mots mêmes sont pleins de sens. La formation du nom de père à cette période reculée prouve que le père reconnaissait le fruit de sa femme comme sien. *Père* est dérivé de la racine PA, qui signifie, non engendrer, mais protéger, supporter, nourrir. Le père comme générateur était appelé en sanscrit *ganitar*, mais comme protecteur et soutien de son enfant, il était appelé *pitar*. C'est pourquoi ces deux noms sont employés ensemble dans les Védas, pour exprimer l'idée complète de père. Ainsi le poète dit (Rigvéda, I, CLXVI, 33) :

> Dyaus me pitâ ganitâ,
> Jovis mei pater genitor,
> Ζεὺς ἐμοῦ πατὴρ γενετήρ.

De même *mâtâr*, mère, est joint à *ganitrî*, *genitrix* (III, XLVIII, 2); ce qui montre que le mot *mâtâr* avait perdu de bonne heure sa signification étymologique, pour devenir une expression de respect et de tendresse. Chez les anciens Ariens, *mâtâr* a la signification de créateur, de *mâ*, former ; dans ce sens-là, et avant d'être déterminé par un affixe féminin, il est employé comme masculin dans les Védas, avec le même accent que le grec μήτηρ, *mâtar*.

Il faut remarquer, en effet, que *mâtar*, de même que *pitar*, n'est qu'un des nombreux mots par lesquels les idées de père et de mère auraient pu être exprimées. Pour ne parler que de la racine PA, qui exprime en effet un des attributs les plus caractéristiques du père, le soutien qu'il donne à son enfant, beaucoup de mots qui en ont été formés eussent pu devenir également le nom du *père*. En sanscrit, l'idée de protecteur peut être exprimée non-seulement par PA, suivi du suffixe dérivatif *tar*, mais par *pâ-la*, *pâ-laka*, *pâ-yu*. Si, entre tant de formes possibles, tous les dictionnaires ariens se sont arrêtés à la même, n'est-ce pas la meilleure preuve qu'il a dû y avoir une sorte d'usage traditionnel dans le langage longtemps avant la séparation des diverses branches de la famille arienne ? Ce n'est pas tout. Il y avait d'autres racines qui auraient pu former le nom de père, telles que GAN, d'où vient *ganitár*, *genitor*, γενετήρ ; ou TAK, d'où vient le grec τοκεύς ; ou PAR, d'où vient le latin *parens ;* sans mentionner beaucoup d'autres mots également aptes à exprimer les relations d'un père avec ses enfants. Si chaque dialecte arien avait formé de son côté le nom qui signifie père d'après une des nombreuses racines que tous ces dialectes possèdent en commun, cela établirait une communauté de radicaux entre tous ces langages, mais ne prouverait jamais, ce qui est plus essentiel, qu'ils ont eu une époque de communauté primitive, et qu'ils ont tous pour point de départ une langue qui avait déjà acquis la consistance d'un idiome constitué.

Il arrive cependant, même quand il s'agit des mots les plus essentiels, que l'un ou l'autre des dialectes ariens a perdu l'ancienne expression. Les noms ariens primitifs de frère et de sœur ne se trouvent pas en grec, où *frère* et *sœur* se disent ἀδελφός et ἀδελφή. Il ne faudrait pas en conclure qu'à l'époque où les Grecs quittèrent leur demeure arienne, les noms de frère et de sœur n'étaient pas encore formés. Nous n'avons aucune raison de supposer que les Grecs partirent les premiers, et si nous trouvons que des nations comme les Teutons ou les Celtes, qui n'ont pu avoir aucun contact avec l'Inde depuis la séparation première, partagent cependant le nom de *frère* avec le sanscrit, il sera démontré que ce nom existait dans le langage arien primitif, de même que l'existence d'un mot en valaque et en portugais suffirait pour prouver son origine latine, quand même aucune trace n'en existerait dans tous les autres dialectes romans. Sans doute, la formation du langage est gouvernée par des lois immuables; mais l'influence du hasard doit être admise en linguistique sur une échelle beaucoup plus grande que dans toute autre branche des sciences naturelles. La relation entre frère et sœur avait déjà été sanctifiée et sanctionnée par des noms devenus traditionnels avant que la famille arienne se fût séparée en différentes colonies. La signification originelle de *bhrâtar* semble avoir été *celui qui porte* ou *aide;* et celle de *svasar*, *celle qui plaît* ou *console:* *svasti* signifiant en sanscrit *joie* ou *bonheur*.

Duhitar est également un nom qui a dû être traditionnel longtemps avant la séparation de la race arienne. C'est un nom identique dans tous les dialectes, excepté le latin, et cependant le sanscrit seul pouvait nous en révéler le sens primitif. *Duhitar*, comme l'a montré le professeur Lassen, est dérivé de DUH, racine qui en sanscrit signifie *traire*. C'est peut-être le latin *duco*, avec un changement de signification analogue à celui qui a lieu entre *trahere*, tirer, et *traire*. Or, le nom de *celle qui trait*, donné à la fille de la maison, présente à nos yeux une petite idylle de la vie pastorale et poétique des premiers Ariens. Une des rares choses par lesquelles la fille, avant d'être mariée, pouvait se rendre utile dans une demeure nomade, était de traire le bétail, et il y a une sorte de délicatesse et de gaieté, dans cet âge de barbarie, à ce qu'un père appelle sa fille *sa petite laitière*, plutôt que *sutâ*, *produit*, ou *filia*, *nourrisson*. Cette signification cependant doit avoir été oubliée longtemps avant la séparation des Ariens; à cette époque, *duhitar* était devenu un mot dont la signification était oubliée, et le nom ordinaire de fille.

Nous verrons dans la suite que beaucoup de mots furent formés dans le même esprit, et qu'ils ne conservèrent leur sens propre que pendant l'état de vie nomade. Mais comme le changement de mots doués d'une signification aussi spéciale en termes généraux, privés de toute vitalité étymologique, paraîtra peut-être étrange, nous allons présenter quelques cas analogues où, derrière des expressions de l'usage le plus général, nous pourrons, par l'étymologie, retrouver ce fond particulier de l'ancienne vie nomade des nations ariennes. Le mot anglais *peculiar* (particulier) lui-même nous fournit un exemple pris dans les temps plus modernes. *Peculiar* signifie maintenant singulier, extraordinaire ; mais à l'origine ce mot signifiait ce qui était propriété privée ou non commune, et venait de *peculium*. Or, le latin *peculium* est pour *pecudium* (comme *consilium* pour *considium*) : il dérive de *pecus*, *pecudis*, et exprime le bétail et les immeubles. Le bétail constituait la principale propriété personnelle d'un peuple agriculteur, et nous pouvons ainsi comprendre comment *peculia*, qui représentait d'abord la propriété personnelle, en vint ensuite à signifier ce qui n'est pas en commun, et enfin, dans notre langage moderne, une chose privée ou étrange. Il est à peine besoin de mentionner l'étymologie bien connue de *pecunia*, qui étant dérivé du même mot *pecus*, et signifiant les troupeaux, prit graduellement la signification d'argent ; l'anglo-saxon *feoh*, et le germain *vieh*, bétail (le même mot que *pecu* à l'origine, selon la règle établie par Grimm), reçurent également avec le temps le sens d'une rémunération pécuniaire.

Ce qui se passe dans les langages modernes, et pour ainsi dire sous nos yeux, ne doit pas nous surprendre quand nous le retrouvons à des époques plus reculées. Le bétail le plus utile a toujours été le bœuf et la vache, et ces deux animaux semblent avoir constitué la principale richesse des nations ariennes et leur moyen de subsistance le plus important. Le bœuf et la vache sont appelés en sanscrit *go*, plur. *gâvas*, ce qui est le même mot que l'ancien haut allemand *chuo*, pl. *chuowi*, et avec un changement de la gutturale en labiale, le classique βοῦς, βόες, et *bos*, *boves*. Les langues slaves ont aussi conservé des traces de cet ancien mot; par exemple, le lette *gohws*, le slavon *govyado*, un troupeau, et le serbe *govedar*, un vacher. De βοῦς, nous avons en grec βουκόλος, qui à l'origine signifiait un vacher; mais dans le verbe βουκολέω, la signification de soigner des vaches a été absorbée par le sens plus général de soigner le bétail, et même elle est prise dans un sens métaphorique, comme dans ἐλπίσι βουκολοῦμαι, *je me nourris de vaines espérances*. La même racine est employée par rapport aux chevaux; ainsi nous trouvons pour éleveur de chevaux, ἱπποβουκόλος, un vacher de chevaux. Nous ne pouvons comparer cette expression qu'au sanscrit *goyuga*, signifiant d'abord une paire de bœufs, et ensuite toute paire, de sorte qu'une paire de bœufs devrait être appelée *go-goyuga*. De même en sanscrit, *go-pa* signifie primitivement vacher; puis il perd ce sens tout spécial, et est employé pour exprimer le conducteur d'un troupeau, un berger, et enfin, comme le grec ποιμὴν λαῶν, il devient synonyme de roi. De *gopa* se forme un nouveau verbe, *gopayati*, et dans ce verbe toutes les traces de la signification primitive sont oblitérées ; il signifie simplement *protéger*. Comme *gopa* signifiait un vacher, *gotra* en sanscrit était primitivement une palissade, et désignait l'enclos qui protége un troupeau contre les voleurs ou empêche le bétail de s'égarer. *Gotra*, cependant, a presque entièrement perdu son sens étymologique dans le sanscrit plus moderne, où le féminin seul, *gotrâ*, conserve le sens d'un troupeau de vaches. Dans les temps anciens, quand les guerres avaient pour but, non de maintenir l'équilibre politique de l'Asie ou de l'Europe, mais de prendre possession de bons pâturages, ou de se rendre maître de grands troupeaux (1), les palissades devenaient naturellement les murs d'une forteresse, les haies des châteaux forts, et ceux qui vivaient derrière ces mêmes murs furent appelés *gotra*, famille, tribu ou race. Dans les Védas, *gotra* est encore employé dans le sens de parcs ou palissades. (Rig-véda, III, XXXIX, 4.)

« Personne ne raille ceux qui furent nos pères, qui combattirent parmi les vaches. Indra, le puissant, est leur défenseur ; le puissant Indra étendit leurs palissades (leurs possessions) (2). »

« Combattant pour ou parmi les vaches, » *goshuyudh*, est employé dans le Véda comme un nom de guerrier (I, CXII, 22), et un des mots les plus fréquents

(1) Ὑπὲρ νομῆς ἢ λείας μαχόμεθα *Toxar* 36. Grimm, *Histoire de la langue allemande*, p. 17.

(2) Le mot anglais *hurdle* (parc) semble avoir été le védique *khardis*, maison, c'est-à-dire enclos, et de la même racine nous avons l'anglo-saxon *heord* un troupeau, et le vieux norse *hirdr*, « bene custoditus ». Peut-être le latin *cors*, *cortis* (cohors, cohortis), signifiant un espace enclos, une cour, et enfin un palais, vient-il de la même source.

pour signifier bataille est *gàv-ishti*, littéralement « lutter pour des vaches. » Dans le sanscrit postérieur, *gaveshana* signifie simplement recherche (physique ou philosophique), et *gavesh*, s'informer. *Goshtha* signifie parc ou étable (βούσταθμον); mais avec les progrès du temps et de la civilisation, *goshthî* devint le nom d'une assemblée, et fut employé pour exprimer la discussion et le bavardage, de même que commère signifiait originairement un parrain ou une marraine, et prit ensuite une affinité avec causerie ou bavardage.

Tous ces mots, composés avec *go*, *bétail*, prouvent que le peuple qui les forma dut mener longtemps une vie à demi nomade et à demi pastorale, et nous comprenons maintenant comment il en vint à employer *duhitar* dans le sens de fille. La langue est le tableau de la science et des mœurs du peuple qui la parle, et nous trouverions probablement, si nous examinions la langue d'un peuple maritime, qu'au lieu de bétail et de pâturages, l'eau et les vaisseaux formèrent un grand nombre de mots qui prirent ensuite une signification plus générale.

Nous allons étudier encore d'autres mots qui indiquent l'état de la société avant la séparation de la race arienne. Nous passons les noms du fils, parce que leur étymologie est sans intérêt, leur signification étant simplement celle de *natus*, né (1), et parce que la position du fils, successeur et héritier de son père, devait être exprimée à une époque beaucoup plus reculée que celle de fille,

(1) Par exemple, — sanscr. *sûnu*, goth. *sunus*, lith. *sunus*, tous venant de *su*, engendrer, d'où le grec υἱός, mais avec un suffixe différent. Le sanscrit *putra*, fils, est d'une origine incertaine, mais probablement d'une haute antiquité, étant possédé également par la branche celtique (bret. *paotr*). On suppose que le latin *puer* est dérivé de la même racine.

sœur ou frère. Toutes les relations exprimées par *père* et *mère*, *fils* et *fille*, *frère* et *sœur*, sont fixées, pour ainsi dire, par les lois de la nature, et les retrouver dans le langage ne prouve aucun progrès considérable dans la civilisation, quelque bien choisis que soient ces noms. Mais il y a d'autres relations, d'une origine plus récente et d'un caractère plus conventionnel, sanctionnées, il est vrai, par les lois de la société, mais non proclamées par la voix de la nature, telles que les relations de beau-père, belle-mère, beau-fils, belle-fille, beau-frère et belle-sœur. Si l'on peut prouver que ces noms existaient dès la période la plus reculée de la civilisation arienne, on aura fait un grand progrès dans la connaissance de cette époque. Quoiqu'il y ait à peine, dans l'Afrique ou dans l'Australie, un seul dialecte où nous ne trouvions les mots de père, mère, fils, fille, frère et sœur, et à peine une tribu où ces degrés naturels de parenté ne soient sanctifiés, il y a des langages où les degrés d'affinité n'ont jamais été exprimés, et des tribus qui en ignorent même la signification.

	Sanscrit.	*Grec.*	*Latin.*	*Gothique.*	*Slave.*	*Celtique.*
Beau-père :	svasura	ἑκυρός	socer	svaihra	svekr.	chwegrwn
Belle-mère :	svasrû	ἑκυρά	socrus	svaihro	svekrvj	W. chwegyr
Beau-fils :	gâmâtar	γαμβρός	gener	...	...	...
Belle fille :	snushâ	νυός.	nurus	snûr	snocha	...
Beau-frère :	dêvâr (ἀνδράδελφος)	δαήρ	levir	tâcor	L. deweris	...
Belle-sœur :	(nânandar)	γάλως (ἀνδραδέλφη)	glos	...	...	...
	yâtaras (femmes de frères) ...	εἰνάτερες.	janitrices	...	P. jatrew	...
	syâla (frère de la femme)	ἀέλιοι et	...	...	...	...
	syâli (sœur de la femme)	εἰλίονες (maris de sœurs)	...	...	...	...

Ce tableau montre que, bien avant la séparation de la race arienne, chacun des degrés d'affinité avait reçu son expression et sa sanction dans le langage, et, quoique plusieurs espaces aient dû rester vides, les coïncidences suffisent pour tirer une conclusion générale. Si nous trouvons en sanscrit le mot *putra*, fils, et en celtique *paotr*, fils, la racine et le suffixe étant semblables, quoique aucun des autres dialectes ariens n'ait conservé la même forme, une telle identité ne peut être expliquée qu'en supposant que *putra* était un mot arien, connu longtemps avant qu'aucune branche de la famille se fût séparée du tronc commun.

Dans les langues modernes, nous pourrions, dans des cas analogues, admettre un emprunt relativement récent; mais dans l'antiquité aucune communication semblable ne fut possible, depuis que la branche méridionale de la famille arienne eut franchi l'Himalaya, et que la branche septentrionale eut mis le pied sur le rivage européen. On dira peut-être que plusieurs des formes précitées sont légèrement différentes. Dans *gâmâtar* et γαμβρός, par exemple, signifiant, à l'origine, époux ou mari (1), puis beau-fils, la racine est semblable; mais la dérivation se fait dans chaque langue d'une manière particulière. Ces différences de forme sont en général celles qui se présentent entre les dialectes d'une même langue, où beaucoup de formes sont possibles, et employées d'abord confusément; puis l'une d'elles est choisie par un poète, une autre par un second, et devient alors populaire et traditionnelle. Il vaut mieux supposer cela que de croire que les Grecs, pour exprimer une relation qu'ils auraient pu rendre de tant de manières diverses, aient choisi la même racine

(1) Γαμβρός καλεῖται ὁ γήμας ὑπὸ τῶν οἰκείων τῆς γαμηθείσης.

γαμ pour former γαμρὸς et γαμβρός, indépendamment de l'hindou qui prit la même racine pour le même usage, en lui donnant une forme causale et y joignant le suffixe ordinaire *tar ;* formant ainsi *gâmâ-tar*, au lieu de *gamara* ou *yamara*, parallèle de γαμβρός. En outre, quand une des langues ariennes a perdu un terme qui fut primitivement commun à toutes, on peut quelquefois prouver son existence au moyen des mots dérivés. En grec, par exemple, dans le langage littéraire, il n'y a aucune trace de *nepos*, petit-fils, que nous avons en sanscrit, *napât*, en germ. *nefo ;* ni de *neptis*, sanscr. *naptî*, germ. *nift*. Cependant il y a en grec ἀ-νεψιός, cousin germain ou petit-fils du même grand-père, de même que l'oncle est appelé le petit-aïeul, *avunculus*, de *avus*. Ce mot ἀνεψιὸς est formé comme le latin *consobrinus* ou *consororinus* ; ce dernier, comme on sait, désigne les enfants de deux ou de plusieurs sœurs, et est l'origine de notre mot moderne cousin, it. *cugino*, dans lequel il reste fort peu de chose du mot primitif *soror*, dont il est cependant dérivé. Le mot ἀ-νεψιός prouve toutefois qu'en grec aussi, νέπους a dû exister dans le sens de fils ou petit-fils. On peut prouver de même l'existence archaïque dans le grec d'un terme correspondant au sanscrit *syâla*, frère de la femme. En sanscrit un mari appelle le frère de sa femme *syâla*, la sœur de sa femme *syâlî*. Par conséquent, en grec Pélée appellerait Amphitrite et Poseidon appellerait Thétis leur *syâlîs ;* ayant épousé des sœurs, ils auraient des *syâlîs* en commun, ils seraient ce que les Grecs appellent ἀ-ἔλιοι, car *sy* entre deux voyelles est généralement négligé en grec ; la seule anomalie consiste cette fois en ce que l'*epsilon* remplace l'*â* long du sanscrit.

Il est encore quelques mots qui jettent une faible lueur sur l'organisation primitive de la vie de famille des Ariens. La position de la veuve était consacrée dans le langage et dans la loi, et nous ne voyons nulle part, à cette époque reculée, que la femme veuve fût condamnée à mourir avec son époux. Si cette coutume avait existé, le besoin d'avoir un nom pour la veuve n'aurait pas été senti, ou s'il l'avait été, le mot aurait eu probablement quelque rapport avec ce rite terrible. Or, mari ou homme, en sanscrit, est *dhava*, mot qui ne semble pas avoir existé dans les autres langues ariennes, excepté peut-être en celtique, où Pictet cite la forme douteuse *dea*, homme ou individu. De *dhava*, le sanscrit forme le nom de la veuve par l'addition de la préposition *vi*, qui signifie sans, *vidhavâ*, sans mari, veuve. Ce composé a été conservé dans des langues qui ont perdu le mot simple *dhava*, ce qui montre la grande antiquité de ce terme traditionnel. Nous ne le trouvons pas seulement dans le celtique *feadbh*, mais encore dans le gothique *viduvo*, le slave *vedova*, le vieux prussien *widdewû* et le latin *vidua*. Si la coutume de brûler les veuves avait existé à cette époque reculée, il n'y aurait pas eu de *vidhavâs*, de femmes sans époux, puisque toutes auraient suivi leur mari dans la tombe. Le nom même indique donc, ce que nous pouvons d'ailleurs prouver jusqu'à l'évidence, l'origine récente de l'usage de brûler les veuves dans l'Inde (1).

(1) Il est vrai que lorsque le gouvernement anglais défendit cette triste coutume, les brahmanes en appelèrent aux Védas comme établissant ce rite sacré. Ils citèrent un des vers du *Rigvéda*, et Colebrooke, le savant le plus versé dans le sanscrit, que nous ayons jamais eu, accepta leurs traductions. C'est

Nous avons réclamé pour l'époque primitive de la race arienne le nom de veuve, ou *sans mari;* nous ne devons pas nous étonner que le nom d'époux soit encore, dans la plupart des langages de la grande famille, le même que celui qui fut créé par les Ariens avant leur séparation. C'est *pati* en sanscrit, signifiant primitivement fort, comme le latin *potis* ou *potens*. En lithuanien la forme est exactement la même, *patis*, et en appliquant la loi de Grimm, ce mot devint *faths* en gothique. En grec nous trouvons πόσις au lieu de πότις. Or, le féminin de *pati* en sanscrit est *patnî*, et il est certain que le vieux prussien *pattin*, à l'accusatif *waispattin*, et le grec πότνια n'en sont que de simples transcriptions, signifiant toutes *maîtresse*.

Ce qu'était le mari dans sa maison, le seigneur, le vaillant protecteur, le roi l'était chez son peuple. Le nom commun de peuple, en sanscrit, était *vis*, d'où est dérivé le nom de la troisième caste, les serviteurs ou *vaisyas*. La même racine nous donne en sanscrit, *vesa*, maison, οἶκος, *vicus*, goth, *veihs*, germain, *wich*, et la terminaison anglaise moderne de beaucoup de noms d'endroits. De là vient aussi *vispati*, en sanscrit, qui signifie roi, c'est-à-dire seigneur du peuple, et ce com-

ici l'exemple le plus frappant des licences que peut se permettre un clergé sans scrupule. Des milliers de vies ont été sacrifiées sur l'autorité d'un passage qui était mutilé, mal traduit et mal appliqué. Si quelqu'un avait été capable à l'époque de Colebrooke de vérifier les citations du *Rigvéda*, les brahmanes auraient pu être battus avec leurs propres armes, et leur prestige spirituel considérablement ébranlé. Le *Rigvéda*, qu'à peine un brahmane sur cent peut lire à présent, loin d'établir comme obligatoire le sacrifice des veuves, montre clairement que cette coutume n'était pas établie dans la période primitive de l'histoire de l'Inde. Un léger changement que les brahmanes ont fait au texte sacré a suffi pour livrer bien des vies au bûcher.

posé était devenu un titre sanctionné par les usages de la race arienne avant la séparation, ainsi que le prouve d'une frappante manière le lithuanien *wiêsz-patis*, seigneur, *wietz-patene*, dame, comparés au sanscrit *vis-patis* et *patnî*. A cette époque reculée, la vie de famille régulièrement organisée existait donc, et déjà la famille commençait à être absorbée par l'État : des titres conventionnels avaient été fixés, et étaient transmis, deux mille ans peut-être avant que l'on connût le titre de César.

Un autre mot signifiant peuple était *dâsa* ou *dasyu*, avec cette différence que *vis* signifie peuple, et *dasa*, sujets, races conquises, et même primitivement ennemis. *Dasyu*, dans les Védas signifie ennemi ; mais dans le Zendavesta, où nous trouvons le même mot, il signifie provinces ou nations, et Darius s'appelle dans les inscriptions cunéiformes « roi de Perse et roi des provinces » (*Kshâyathîya Pârsaiya*, *Kshâyathîya dahyunâm*). Il est donc presque certain que le grec δεσ-πότης représente un titre sanscrit *dâsa-pati*, seigneur de nations. Mais nous ne pouvons pas admettre que le titre de hospodar soit, comme le dit Bopp, le même que le sanscrit *vispati* ou *dâsa-pati*. Le mot est *gaspadorus* en lithuanien ; en vieux slave, *gospod*, *gospodin* et *gospodar ;* en polonais, *gospodarz ;* en bohémien, *hospodár*. Un *g* slavon ne correspond pas au *w* ou au *d* sanscrit, et le *t* de *pati* n'a pas pu devenir un *d* (1). Benfey, qui fait dériver *gospod* du védique *gâspati*, évite la première difficulté, mais

(1) Voyez les excellentes remarques de Schleicher dans sa *Formenlehre der kirchenslawischen Sprache*, 1852, p. 107.

non la seconde, et il est certainement meilleur de s'arrêter devant ces difficultés, que de chercher à retrouver quelques anciens termes ariens, au mépris des lois philologiques, qui ne peuvent jamais être violées impunément.

Un troisième nom commun à toutes les tribus ariennes pour signifier roi est *râg*, dans les Védas, *rex, regis* en latin; *reiks* en gothique, mot encore employé en allemand; *Reich=regnum, Frank-reich=regnum Francorum;* irlandais *riogh;* welche, *ri.*

Un quatrième nom pour signifier roi et reine est simplement père et mère. *Ganaka*, en sanscrit, signifie père, de *GAN*, engendrer: on le trouve dans le Véda comme un nom de roi. C'est le vieux germain *chuning*, l'anglais *king*. Mère, en sanscrit, est *gani;* on le retrouve dans le grec γυνή, le gothique *qinô*, le slave *zena*, l'anglais *queen*. Reine signifie donc primitivement mère ou dame. Nous voyons ainsi le langage de la vie de famille s'introduire graduellement dans le langage politique du plus ancien état arien, et la fraternité de la famille devenir celle de l'État.

Nous avons vu que le nom de maison était connu avant que la famille arienne se séparât pour se diriger vers le sud et vers le nord. Nous pourrions le prouver encore, en comparant le sanscrit *dama* avec le grec δόμος, le latin *domus*, le slave *domŭ*, le celtique *daimh*, et le gothique *timrjan*, bâtir, d'où vient l'anglais *timber*. Cependant nous doutons de l'identité du slavon *grod* et *gorod*, et du lithuanien *grod*, avec le gothique *gards*, latin *hort-us*, grec χόρτος, signifiant tous un terrain enclos. La partie la plus essentielle d'une maison, autrefois, étant une porte bien attachée et capable de résister aux attaques des ennemis, nous trouvons l'ancien nom de la porte conservé dans le sanscrit, *dvar*, *dvâras*, gothique, *daur*, lithuanien, *durrys*, celtique, *dor*, grec, θύρα, latin, *fores*. Le constructeur ou l'architecte a le même nom en sanscrit et en grec ; car *takshan* est le mot grec τέκτων. Le grec ἄστυ a été comparé au sanscrit *vâstu*, maison ; κώμη, avec le gothique *haims*, village, ou l'anglais *home*. Le sanscrit *puri*, ville, conservé par les Grecs dans leur mot πόλις, prouve d'une manière encore plus concluante l'existence ancienne de villes ; et les mots sanscrits *path*, *pathi*, *panthan*, *pâthas*, tous noms signifiant sentier, le grec πάτος et le gothique *fad* (anglais *path*), que Bopp croit être le même que le latin *pons*, *pontis*, et le slavon *ponti*, démontrent de même que les grandes routes n'étaient pas inconnues à cette époque reculée.

Les preuves que nous venons de donner suffisent pour établir que la race d'hommes capable de créer de tels mots ne pouvait être une race de sauvages, de nomades, de chasseurs. La plupart des mots se rattachant à l'idée de chasse et de guerre diffèrent dans chacun des dialectes ariens, tandis que les mots se rattachant à des occupations plus paisibles appartiennent à l'héritage commun. Ce fait montre que toutes les nations ariennes ont mené une longue vie de paix avant leur séparation, et que leur langage n'acquit de l'individualité et de la nationalité que lorsque chaque colonie partit à la recherche de nouvelles demeures ; les générations nouvelles créant de nouveaux mots pour leur vie guerrière et aventureuse. C'est pourquoi non-seulement le grec et le latin, ainsi que Niebuhr l'a remarqué, mais tous les langages ariens ont en commun leurs mots pacifiques, et diffèrent dans leurs expressions guerrières. De même les animaux domestiques sont généralement désignés par les mêmes noms en Europe et dans l'Inde, tandis que les bêtes sauvages ont des noms différents, même en grec et en latin.

	Sanscrit et zend.		*Grec.*	*Italique.*	*Teutonique.*	*Lithuanien.*	*Slave.*	*Celtique.*
Bétail :	dasu	psaa	πωῦ	pecu	G. faihu A.H.A. fihu	Pruss. pecku	...	...
Bœuf et vache :	go (nom. gaus)...	gâu	βοῦς	bos	A.H.A. chuo	Lett. gohw	Slav. govjado	...
Bœuf :	ukhan	ukhshan vakhsha	...	vacca !	G. auhsan	...	...	W. ych
Taureau :	sthûra	stavra	ταυρός	taurus	stiur	...	tour	...
Génisse :	stari	...	στεῖρα	(sterilis)	stairo	...	...	...
Cheval :	âsu, asva	aspa	ἵππος	equus.	G. aihus.	aszwa	...	W. osw
Poulain :	...	...	πῶλος	pullus	G. Fula	...	...	...
Chien :	svan	spà (σπάκα)	κύων	canis	A.H.A. hund	szu	R. sobaka Bulg. kuce	G. cu
Brebis :	avi	...	ὄϊς	ovis	G- avi-str. A. ewe	awi	Slav. ovjza	...
Veau :	vatsa	...	ἴταλος	vitulus	...	...	...	...
Bouc :	...	...	κάπρος	caper	A.H.A. hafr	...	...	...
Chèvre :	agâ	...	αἴξ	...	...	ozis.	...	G. aighe
Laie :	sû (kara)	...	ὗς	sus	A.H.A. sû	...	svinia	...
Cochon :	prisbat	...	πόρκος	porcus	A.H.A. farah	parszas	Pol prosie	...
Porc :	grishvi	...	χοῖρος	...	A. N. gris	...	..	...
Ane :	...	...	ὄνος	asinus	asilo	...	...	...
Souris :	mûsch	...	μῦς	mus	A.H.A. mûs	...	Pol. mysz	...
Mouche :	makshikâ	...	μυῖα	musca	A.H.A. micco	musse	R. mucha	...
Oie :	hansa	...	χήν	anser	A.H.A. kans.	zasis	Boh. hus.	G. gana

Quelques-uns des animaux sauvages étaient connus des Ariens avant leur séparation, et ce sont les animaux qui vivent également en Asie et en Europe, l'ours et le loup.

	Sanscrit.	*Grec.*	*Italique.*	*Teutonique.*	*Slavon.*
Ours	riksha	ἄρκτος	ursus		
Loup :	vrika	λύκος	lupus (v.) irpus	vulfs	wilka

A ceux-ci il faut ajouter le serpent.

Serpent :	ahi sarpa	ἔχις (ἔγχελυς) ἑρπετόν	anguis (anguilla) serpens	ungury	R. ûgorj

Sans nous arrêter aux noms divers des animaux qui avaient été en partie apprivoisés et appliqués aux usages domestiques, tandis que d'autres étaient alors, comme aujourd'hui encore, les ennemis naturels du berger et de son troupeau, nous mentionnerons plusieurs mots qui indiquent que cette antique vie pastorale connaissait quelques-uns des arts primitifs, tels que le labourage, la mouture, le tissage et le travail des métaux précieux ou utiles.

Le plus vieux mot pour le labourage est AR, que nous trouvons en latin *arare*, grec ἀροῦν, ancien haut allemand *aran*, russe *orati*, lithuanien *arti* et gaélique *ar*. De ce verbe vient le nom commun de charrue, ἄροτρον, *aratrum*, vieux saxon *erida*, vieux norse *ardhr*, slavon *oralo* et *oradlo*, lithuanien *arimnas* et cornique *aradar*. Ἄρουρα et *arvum* viennent probablement de la même racine. Mais un mot plus général pour champ est le mot sanscrit *pada*, grec πέδον, ombrien *perum*, polonais *pole*, saxon *folda*, ancien haut allemand *feld*, *field*.

Le blé qui poussait en Asie ne pouvait guère être semblable à celui que les nations ariennes ont cultivé dans les régions plus septentrionales. Quelques-uns des noms primitifs du blé, cependant, ont été conservés. Tel est le sanscrit *yava*, zend *yava*, lithuanien *jawas*, qui devient en grec ζέα. Le sanscrit *sveta* signifie blanc et correspond au gothique *hveit*, ancien haut allemand *huiz* et *wiz*, anglo-saxon *hvît*, et lithuanien *kwêtys*. Mais le nom de la couleur devint aussi le nom du grain blanc, et ainsi nous avons le gothique *hvaitei*, le lithuanien *kwec'io*, l'anglais *wheat*, auquel quelques savants ont comparé le slavon *shito*, et le grec σῖτος. Le nom de *grain* signifiait à l'origine ce qui est écrasé ou moulu. Ainsi *kûrna* en sanscrit signifie moulu, et l'on doit sans aucun doute faire dériver du même radical le russe *zerno*, le gothique *kaurn*, le latin *granum*. En lithuanien *girna* veut dire meule de moulin à bras. Le mot russe pour meule de moulin est encore *shernov*, et le nom gothique du moulin est *qvairnus*, le *quirn* moderne. Le nom anglais de moulin *mill* est également d'une haute antiquité; car il existe non-seulement dans l'ancien haut allemand *muli*, mais encore dans le lithuanien *malunas*, le bohémien *mlyn*, le welche *melin*, le latin *mola*, et le grec μύλη.

On pourrait joindre aux mots précédents les mots exprimant l'art d'apprêter les mets et de cuire au four, ainsi que la distinction ancienne entre la chair et la viande, afin de montrer que la même aversion que l'on trouve à des époques plus rapprochées de nous, chez les poètes des Védas par exemple, contre les tribus mangeant de la chair crue, était déjà ressentie à cette époque primitive. *Kravya-ad* (κρέας-ἔδω) et *âma-ad* (ὠμός-ἔδω) sont des noms appliqués aux barbares, et excitaient dans l'Inde autant d'horreur que ὠμοφάγοι et κρεωφάγοι en Grèce.

Le mot signifiant vêtement est le même chez toutes les nations ariennes: *vastra* en sanscrit, *vasti* en gothique, *vestis* en latin, ἐσθής en grec, *gwisk* en celtique; nous pouvons donc assigner aux ancêtres de la race arienne la connaissance de l'art de tisser et de celui de coudre. Tisser en sanscrit est *ve*, et dans une forme causative *vap*. Le latin *vieo* et le radical grec de ἠ-τριον coïncident avec *ve*; l'ancien haut allemand *wab*, l'anglais *weave*, le grec ὑφ-αίνω, avec *vap*.

Coudre, en sanscrit, se dit *siv*, d'où *sûtra*, un fil. La même racine est restée dans le latin *suo*, le gothique *suija*, l'ancien haut allemand *siwu*, le grec κασσύω pour καττύω. Une autre racine sanscrite, *nah*, a une signification toute semblable, et doit aussi avoir existé comme *nabh* et *nadh* De *nah* vient le latin *neo* et *necto*, le grec νέω, l'allemand *nâhan* et *nâvan*, coudre ; de *nadh* vient le grec νήθω ; de *nabh*, le sanscrit *nâbhi*, et *nâbha* ou *ûrnanâbha*, l'araignée, littéralement la fileuse de laine.

Il y a une quatrième racine qui semble avoir eu à l'origine le sens particulier de coudre ou de tisser, mais qui prit ensuite en sanscrit la signification plus générale de faire. C'est *rak*, qui peut correspondre au grec ῥάπτω, joindre, attacher ou coudre, et qui peut même expliquer l'autre nom de l'araignée, ἀράχνη en grec et *aranea* en latin, ainsi que le nom classique de la laine tissée, λάχνος ou λάχνη, latin *lana*.

La valeur et l'usage de certains métaux étaient-ils connus avant la séparation de la race arienne ? On serait tenté d'abord d'en douter, car les noms de la plupart des métaux diffèrent dans les diverses contrées habitées par cette race. Cependant il est certain que, dès l'époque reculée dont nous parlons, le fer fut connu et que sa valeur fut appréciée, soit pour la défense, soit pour l'attaque. Quel qu'ait pu être l'ancien nom arien de ce métal, il est évident que le sanscrit *ayas*, le latin *ahes* dans *aheneus*, et même la forme contractée *aes*, *aeris*, le gothique *ais*, l'ancien haut allemand *er* et l'anglais *iron*, sont des mots jetés dans le même moule et à peine altérés depuis tant de siècles. Les noms des métaux précieux, tels que l'or et l'argent, se sont transformés davantage en passant entre les mains de tant de générations. Néanmoins on peut retrouver dans le celtique *airgiod* les traces du sanscrit *ragata*, le grec ἄργυρος, le latin *argentum* ; on a de même découvert dans le gothique *gulth*, or, une analogie avec le slave *zlato*, le russe *zoloto*, le grec χρύσος (1) et le sanscrit *hiranyam* ; les terminaisons seules diffèrent notablement. Le radical semble avoir été *harat*, d'où vient le sanscrit *harit*, la couleur du soleil et de l'aurore, de même que *aurum* dérive de la même racine que *aurora*. Quelques ustensiles de fer, employés dans la paix ou dans la guerre, ont gardé aussi leur nom primitif, et il est curieux de retrouver la complète similitude du sanscrit *parasu* et du grec πέλεκυς, hache, ou du sanscrit *asi*, épée, et du latin *ensis*.

Il nous reste à examiner, pour prouver la réalité d'une période arienne primitive, une nouvelle série de preuves, négatives il est vrai, mais importantes encore. Pendant l'époque dont nous cherchons à prouver la réalité, les ancêtres de la race arienne ont dû occuper dans l'Asie une position centrale, d'où les branches méridionales se sont portées vers l'Inde, et les branches septentrionales vers l'Asie Mineure et l'Europe. Il résulterait de là qu'avant leur séparation les Ariens primitifs ne pouvaient pas avoir connu l'existence de la mer ; si notre théorie est exacte, le nom de la mer doit être d'une formation postérieure et différent dans les différentes langues ariennes. Il en est ainsi. Nous trouvons, à la vérité, des noms identiques en grec et en latin,

(1) Χρύσος me paraît plutôt le sémitique *kharous*, qui aurait passé en Grèce par le commerce des Phéniciens, comme le mot μέταλλον (rac. sémit. *matal.*). E. R.

mais non pas dans les branches septentrionales et les branches méridionales de la famille arienne. Et même ces noms grecs et latins sont évidemment des expressions métaphoriques, des noms qui existaient dans l'ancien langage, et qui ont été appliqués à ce nouveau phénomène. *Pontus* et πόντος signifient mer dans le sens où Homère parle de ὑγρὰ κέλευθα ; car *pontus* vient de la même source qui a donné *pons*, *pontis*, et le sanscrit *pantha*, sinon *pâthas*. La mer n'était pas appelée une barrière, mais une grande route, plus utile pour le commerce et les voyages qu'aucune autre route, et le professeur Curtius (1) a bien démontré que les expressions grecques telles que πόντος ἁλὸς πολιῆς et θάλασσα πόντου indiquaient, même chez les Grecs, une connaissance de la signification primitive de πόντος. Des mots tels que le sanscrit *salila*, le latin *sal* et le grec ἅλς, ἁλός ne peuvent être cités pour prouver que les anciens Ariens connaissaient la mer. Ils peuvent avoir connu l'usage du sel ; c'est tout ce que peuvent prouver ἅλς, *sal* et *salila ;* l'application de ces mots à la mer appartient à une époque plus récente. La même remarque convient à des mots comme *æquor* en latin ou πέλαγος en grec. On a prouvé depuis longtemps que θάλασσα est une forme dialectique de θάρασσα ou τάρασσα, exprimant les vagues agitées de la mer (ἐτάραξε δὲ πόντον Ποσειδῶν). Le latin *mare* est à la vérité le même mot que le mot sanscrit *vâri ;* mais *vâri* signifie l'eau en général, et confirme seulement ce fait, que toutes les nations ariennes

(1) Voyez le *Journal de philologie comparée* de Kuhn, I, 34. Le professeur Curtius donne la proportion suivante : πόντος : πάτος — πένθος : πάθος — βένθος : βάθος.

prirent des termes d'une signification générale lorsque chacune d'elles eut à fixer le nom de la mer. *Mare* signifie probablement eau morte ou stagnante, comme le sanscrit *maru*, le désert, dérivé de *mri*, mourir. Bien que ce mot soit identique avec le gothique *marei*, le slave *more*, l'irlandais *muir*, l'application de ces noms à l'Océan est de date relativement récente. Mais quoique les nations ariennes ne fussent pas arrivées au bord de la mer avant que leur langage commun se partageât en dialectes, la navigation leur était bien connue. Les mots d'aviron et de gouvernail se retrouvent jusqu'en sanscrit, et le nom du vaisseau est exactement le même en sanscrit (*naus*, *nâvas*), en latin (*navis*), en grec (ναῦς) et en ancien haut allemand (*nacho*).

Tous ces mots sont les fragments d'un langage réel parlé autrefois par une même race (1), à une époque dont l'historien naguère encore n'osait supposer l'existence qu'en se fondant sur l'autorité des livres sacrés des Juifs. Cependant nous possédons des vestiges de cette époque reculée ; nous employons les mots mêmes qui ont servi aux ancêtres de la race arienne, altérés seulement par certaines influences phonétiques, et nous sommes aussi rapprochés par la pensée et le langage de ce peuple primitif que les Français et les Italiens le sont de l'ancien peuple de Rome. Si on voulait une preuve de plus de la réalité de la période qui doit avoir pré-

(1) On trouve dans l'*Histoire de la langue allemande*, de Grimm, une grande quantité de mots ariens communs. La première tentative pour en tirer des conséquences historiques fut faite par Eichhoff; mais les applications les plus fructueuses ont été faites depuis par Winning dans son *Manuel de philologie comparée*, 1838; par Kuhn, Curtius et Fœrstemann. Beaucoup de nouveaux matériaux se trouvent dans le *Glossaire* de Bopp, et les *Etymologische Forschungen* de Pott.

cédé la dispersion de la race arienne et de l'activité intellectuelle assez prolongée qui s'y développa, nous pourrions citer les noms de nombres ariens. Voici un système de numération décimale qui est peut-être une des plus merveilleuses productions de l'esprit humain, système fondé sur une conception abstraite de la quantité, réglé par un esprit de classification philosophique, et cependant conçu, mûri et achevé avant que le sol de l'Europe eût été foulé par le Grec, le Romain, le Slave ou le Teuton. Un tel système n'a pu être formé que par une très-petite communauté, et, plus qu'aucune partie du langage, il semble exiger un arrangement conventionnel. Si nous devions inventer de nouveaux mots pour un, deux, trois, nous comprendrions quelle tâche ce fut de former et de fixer de pareils mots. Nous pourrions facilement trouver de nouvelles expressions pour des objets matériels, parce que ces objets ont toujours quelque attribut que le langage peut rendre, soit par la métaphore, soit par la périphrase. Nous pourrions appeler la mer l'eau salée, la pluie l'eau du ciel, les rivières les filles de la terre. Mais les nombres sont, par leur nature même, des conceptions si abstraites et si vides qu'il faudrait tout notre génie inventif pour trouver en eux quelque élément attributif qui pût servir de base à leur appellation. Un et deux présentaient moins de difficulté ; aussi ces deux nombres ont reçu plus d'un nom dans la famille arienne. Mais si des peuples différents avaient employé différents noms pour le même nombre, le but même de ces noms n'eût point été atteint. Si cinq pouvait s'exprimer par un terme signifiant la main ouverte ou par le simple pluriel des doigts, ces deux termes synonymes deviendraient inutiles à tout échange de la pensée. Et si un mot signifiant doigts ou orteils avait pu être employé pour exprimer cinq aussi bien que dix, tout commerce entre des individus employant le même mot dans des sens différents eût été impossible. En conséquence, pour former et fixer une série de mots exprimant un, deux, trois, quatre, etc., il était nécessaire que les ancêtres de la race arienne fussent arrivés à une convention formelle de n'employer qu'un seul terme pour chaque nombre, et de n'attacher qu'une seule signification à chaque terme. Cela n'eut pas lieu pour les autres classes de mots, comme on peut le voir par la grande proportion de termes synonymes et polyonymes qui caractérise toutes les langues anciennes ; l'appauvrissement et l'altération de la langue par l'usage littéraire et pratique peuvent seuls réduire au nécessaire l'exubérance de cette végétation primitive, en donnant à chaque objet un seul sens. Or, cela doit avoir été accompli, en ce qui touche les noms de nombres ariens, avant que le grec existât ; car nous ne pouvons expliquer autrement les coïncidences que présente le tableau suivant :

	Sanscrit.	*Grec.*	*Latin.*	*Lithuanien.*	*Gothique.*
I.	ekas	εἷς (οἴνη)	unus	wienas	ains
II.	dvau	δύω	duo	du	tvai
III.	trayas.	τρεῖς	tres	trys	threis
IV.	katvâras	τέσσαρες (πίσυρες)	quatuor (Osque, petora)	keturi	fidvôr
V.	panka	πέντε	quinque (Osque, pomtis)	penki	fimf
VI.	shash	ἕξ	sex	szeszi	saihs
VII.	sapta	ἑπτά	septem	septyni	sibun
VIII.	ashtau	ὀκτώ	octo	asztuni	ahtau
IX.	nava	ἐννέα	novem	dewyni	niun
X.	dasa	δέκα	decem	desimt	taihun
XI.	ekâdasa	ἕνδεκα	undecim	wieno-lika	ain-lif
XII.	dvâdasa	δώδεκα	duodecim	dwi-lika	tva-lif
XX.	vinsati	εἴκοσι	viginti	dwi-deszimti	tvaitigjus
C.	satam	ἑκατόν	centum	szimtas	taihun taihund
M.	sahasram.	χίλιοι	mille	tukstantis	thusundi

Si nous ne pouvons expliquer les coïncidences entre les noms de nombres français, italiens, espagnols, portugais et valaques sans admettre qu'ils sont tous dérivés d'un type commun, le latin, nous sommes amenés à la même conclusion en comparant les noms de nombres plus anciens que nous venons de citer. Ils ont nécessairement été créés dans ce langage d'où dérivent le sanscrit et toutes les langues de la même famille ; mais il faut supposer que cette numération primitive s'arrêtait à cent inclusivement. Mille n'avait pas reçu d'expression à cette époque primitive, et c'est pour cela que les noms de mille diffèrent dans les divers dialectes indo-européens. Ces dissemblances, toutefois, nous fournissent quelques indications sur l'histoire postérieure de la race arienne. Nous voyons le sanscrit et le zend partager le même nom de mille (sanscrit, *sahasra ;* zend, *hazanra*), ce qui prouve que les ancêtres des brahmanes et des sectateurs de Zoroastre restèrent quelque temps unis par les liens du langage, après que d'autres branches s'étaient déjà séparées du tronc commun. On peut tirer la même conclusion de la ressemblance du gothique *thusundi* avec le vieux prussien *tûsimtons* (acc.), avec le lithuanien *tukstantis*, le vieux slavon *tŭisasta ;* tandis que les Grecs et les Romains restent isolés et semblent avoir formé chacun séparément le nom de mille.

Durant cette période primitive, antérieure à la formation des nationalités distinctes, chacun des mots ariens était, dans un certain sens, un mythe. Les mots, à l'origine, étaient tous appellatifs ; ils exprimaient un des nombreux attributs caractéristiques d'un objet; le choix de ces attributs implique une sorte de poésie instinctive que les langues modernes ont complétement perdue.

On a dit que le langage était une poésie fossile. Mais comme l'artiste ignore que l'argile qu'il manie contient des vestiges d'une vie organique primitive, ainsi nous ne sentons pas, quand nous nous adressons à un père, que nous l'appelons protecteur, et les Grecs, en employant le mot δαήρ, beau-frère, ne savaient pas qu'à l'origine ce terme s'appliquait seulement aux jeunes frères du mari qui restaient à la maison avec l'épouse, tandis que leur frère aîné était aux champs ou dans les forêts. Le sanscrit *devar* signifiait d'abord compagnon de jeu; il portait en lui son histoire, c'était un mythe; mais en grec il est dégénéré en simple nom, en terme technique. Quelquefois un souvenir vague du sens primitif reste encore, et c'est ainsi qu'en grec on ne peut pas former le féminin de δαήρ, pas plus que nous n'oserions, même maintenant, former un masculin au mot anglais *daughter*, fille. Mais le plus souvent, les langues perdent entièrement la conscience étymologique : ainsi nous trouvons en latin, non-seulement *vidua*, sans mari, mais *viduus*, formation qui, analysée étymologiquement, est absurde (1).

(1) Il faut avouer pourtant que l'ancien mot latin *viduus* (1), nom d'Orcus qui avait un temple hors de Rome, porte à douter que le latin *vidua* soit réellement le sanscrit *vidhavâ*, malgré leur grande ressemblance, à moins que nous n'admettions que le verbe *viduare* soit dérivé de *viduâ*, et qu'ensuite un nouvel adjectif ait été formé avec un sens plus général, de telle sorte que *viduus* ne signifiât rien de plus pour une oreille romaine que *privatus*.

(1) (Hartung, *Die Religion der Rœmer*, II, 90.)

Les langues ariennes possèdent donc un commun trésor d'anciens noms qui avaient à l'origine un pouvoir expressif et poétique ; mais comment ce fait explique-t-il le phénomène du langage mythologique chez tous les membres de la famille? Comment rend-il intelligible cette phase de l'esprit humain qui donna naissance aux histoires étranges de dieux et de héros, aux Gorgones, aux Chimères, à tant de choses enfin qu'aucun œil humain n'avait vues, et qu'aucun esprit raisonnable ne pouvait avoir conçues ?

Avant de répondre à cette question, il faut encore présenter quelques observations préliminaires relatives à la formation des mots.

Tous les mots communs ariens que nous avons examinés jusqu'ici se rapportent à des objets définis. Ce sont tous des substantifs, puisqu'ils expriment quelque chose de substantiel et de perceptible aux sens. A l'origine, le langage n'exprimait que des objets comme noms et des qualités comme verbes. Le langage, pendant cette période primitive, n'était que l'expression consciente, au moyen des sons, d'impressions reçues par tous les sens.

Les noms abstraits nous sont si familiers, que nous pouvons à peine apprécier la difficulté que les hommes ont eue à les former. Nous ne pouvons guère imaginer un langage sans noms abstraits. Il y a cependant des dialectes encore parlés aujourd'hui qui n'en possèdent pas, et plus nous remontons dans l'histoire du langage, moins nous trouvons de ces expressions. Un mot abstrait n'est qu'un adjectif transformé en substantif ; mais la conception d'une qualité comme sujet est d'une extrême difficulté, et, dans l'état actuel de l'esprit humain, elle nous paraît impossible.

Il y a d'autres mots que nous ne pouvons guère appeler abstraits, qui cependant ont été formés par un procédé analogue ; je veux parler des mots tels que jour et nuit, printemps et hiver, aurore et crépuscule, orage et tonnerre. Que voulons-nous dire, lorsque nous parlons du jour et de la nuit, du printemps et de l'hiver? Le temps, selon notre conception, n'est rien de substantiel, rien d'individuel ; c'est une qualité transformée par le langage en une substance. Si donc nous disons : « le jour commence », « la nuit approche », nous présentons comme agissantes des choses qui ne peuvent agir, nous affirmons une proposition qui, analysée logiquement, n'aurait pas de sujet définissable. Ceci s'applique aussi aux mots collectifs, tels que le ciel et la terre, la rosée et la pluie, et même aux rivières et aux montagnes. Car si nous disons : « la terre nourrit l'homme, » nous ne voulons parler d'aucune portion tangible du sol, mais de la terre considérée comme un tout. Dans les langues anciennes, chacun de ces mots avait nécessairement une terminaison exprimant le genre, et cela produisait dans l'esprit une idée correspondante de sexe, de telle sorte que ces noms recevaient non-seulement un caractère individuel, mais encore un caractère sexuel. Il n'y avait pas de substantif qui ne fût masculin ou féminin, les neutres étant de formation postérieure et reconnaissables surtout au nominatif.

Le rôle des verbes auxiliaires dans les langues anciennes conduit à des considérations analogues. Ils occupent la même place parmi les verbes que les noms abstraits parmi les substantifs. Ils sont d'une époque postérieure, et avaient tous à l'origine un caractère plus matériel et plus expressif. Nos verbes auxiliaires ont eu une longue suite de vicissitudes à traverser avant d'arriver à la forme desséchée et sans vie qui les rend si propres aux besoins de notre prose abstraite. *Habere*, qui est maintenant employé dans toutes les langues romanes pour exprimer simplement un temps passé (*j'ai aimé*), signifiait d'abord tenir ferme, retenir, comme nous pouvons le voir dans le dérivé *habenæ*, les rênes. Ainsi *tenere*, tenir, devient en espagnol un verbe auxiliaire qui peut être employé presque de la même manière que *habere*. Le grec ἔχω est le sanscrit *sah*, et signifiait à l'origine être fort, être capable, pouvoir. Le latin *fui*, j'étais, le sanscrit *bhû*, être, correspondent au grec φύω ; or, dans cette dernière langue, on saisit encore la trace du sens primitif et matériel de croissance dans un sens intransitif et transitif. *As*, le radical du sanscrit *as-mi*, le grec ἐμ-μί, le lithuanien *as-mi*, je suis, sont probablement liés à une autre racine *âs*, s'asseoir, que nous retrouvons dans le grec ἧσ-ται, sanscrit *âs-te*. *Stare*, se tenir, devient dans les dialectes romans un simple auxiliaire, comme dans *j'ai été*, c'est-à-dire *habeo statum*. L'allemand *werden*, qui est employé pour former les futurs et les passifs, le gothique *varth*, nous ramènent au sanscrit *vrit*, au latin *verto*. L'anglais *will*, comme dans *he will go*, a perdu sa signification radicale de désirer, et *shall*, employé au même temps, *he shall go*, trahit encore son sens primitif d'obligation légale ou morale. M. Grimm a montré dans les verbes auxiliaires de la langue allemande des passages bien plus hardis et au premier abord incroyables. Mais ces exemples suffisent pour montrer par quelle voie l'esprit humain est passé d'intuitions concrètes à la vue abstraite et réfléchie. Ils nous serviront de clef pour montrer comment le même passage s'est effectué dans les idées de l'homme sur la nature et le monde divin.

II.

Le langage mythologique manquait de mots simplement auxiliaires. Tout mot, soit nom, soit verbe, avait, à l'époque primitive, son pouvoir complet. Les mots étaient pesants et inflexibles. Ils disaient plus qu'ils ne devaient, et voilà pourquoi le langage mythologique nous paraît si étrange. Nous parlons du soleil qui suit l'aurore, mais les anciens poètes ne pouvaient parler que du soleil aimant et embrassant l'aurore. Ce qui pour nous est un coucher de soleil était pour eux le soleil vieillissant, tombant ou mourant. Notre lever du soleil était pour eux la Nuit donnant naissance à un brillant enfant ; dans le printemps ils voyaient réellement le soleil ou le ciel embrassant la terre dans une chaude étreinte, faisant pleuvoir et répandant des trésors dans le sein de la nature. Il y a dans Hésiode beaucoup de mythes, de date postérieure, où nous n'avons qu'à remplacer le verbe complet par un auxiliaire, pour changer le langage mythique en langage logique. Hésiode appelle *Nyx* (la Nuit), la mère de *Moros* (le Sort), et la sombre *Ker* (la Destruction) mère de *Thanatos* (la Mort), d'*Hypnos* (le Sommeil) et de la tribu des *Oneiroi* (les Rêves). Il dit que la progéniture de la Nuit n'a pas de père. La nuit est encore appelée la mère de *Mômos* (le

Blâme), du terrible *Oizys* (le Malheur) et des *Hespérides* (les étoiles du soir), qui gardent les belles pommes d'or de l'autre côté du fameux *Okeanos*. Elle a donné naissance à *Némésis* (la Vengeance), à *Apaté* (la Fraude), à *Philotès* (le Désir), à la pernicieuse *Geras* (la Vieillesse), à l'implacable *Eris* (le Combat). Employons nos expressions modernes, telles que : « On voit les étoiles quand la nuit approche, » « nous dormons, » « nous rêvons, » « nous mourons, » « nous courons des dangers pendant la nuit, » « les réjouissances nocturnes conduisent à des luttes, à des discussions animées et à des malheurs; » « beaucoup de nuits amènent la vieillesse et enfin la mort ; » « une mauvaise action, commise d'abord dans l'obscurité de la nuit, sera révélée enfin au jour ; » et nous aurons traduit dans la forme moderne de la pensée et du discours le langage d'Hésiode : langage qui, tout étrange qu'il est pour nous, n'en était pas moins très-généralement compris du peuple auquel il s'adressait. C'était là à peine un langage mythologique ; c'était plutôt une sorte d'expression poétique et proverbiale, comme en emploient tous les poëtes, soit anciens soit modernes, et que l'on retrouve souvent encore dans le langage du peuple.

Dans le langage d'Hésiode, Uranos est un des noms du Ciel. Uranos est né « afin qu'il soit un séjour stable pour les dieux bénis. » Il est dit deux fois qu'Uranos couvre toutes choses (*Théog.* 127), et que, lorsqu'il amène la nuit, il s'étend partout, embrassant la terre. Il semble que le mythe grec a conservé encore un vague souvenir du sens mythologique d'Uranos. Uranos, en effet, est le sanscrit *Varuna*, qui est dérivé d'une racine *VAR*, couvrir; *Varuna* est aussi dans les Védas un des noms du firmament, particulièrement lié à l'idée de la nuit, et opposé à *Mithra*, le jour. Dans tous les cas, le nom d'Uranos rappelait aux Grecs quelque chose de sa signification primitive. Nous le voyons appelé ἀστερόεις (*étoilé*), ce qui n'arrive jamais pour des noms comme Apollon et Dionysos. Nous ne pouvons donc guère supposer, avec M. Grote, qu'aux yeux des Grecs, « *Uranos*, *Nyx*, *Hypnos* et *Oneiros* (le Ciel, la Nuit, le Sommeil et les Rêves), aient été des personnes comme Zeus et Apollon.» Nous n'avons qu'à lire quelques lignes de plus dans Hésiode, pour voir que la progéniture de *Gæa*, qui commence par Uranos, n'est pas encore arrivée complétement à cette personnification mythologique, à cette cristallisation qui rend le caractère primitif de la plupart des dieux de l'Olympe si difficile et si incertain. Dans l'introduction, le poëte a demandé aux Muses comment naquirent à l'origine les dieux et la terre, les rivières et la mer sans bornes, les brillantes étoiles et le vaste ciel. Le poëme de la *Théogonie* tout entier est une réponse à cette question; nous ne pouvons donc pas douter que les Grecs ne vissent dans quelques-uns des noms précités de simples conceptions poétiques d'objets réels. Uranos, le premier-né de Gæa, devient ensuite une divinité, douée d'attributs et de sentiments humains; mais plusieurs membres de la famille de Gæa, par exemple les *Grandes Montagnes*, sont représentés comme neutres, et ne peuvent être considérés comme des personnes analogues à Zeus et Apollon.

M. Grote va donc trop loin en insistant sur la signification purement littérale de toute la mythologie grecque. M. Grote convient que plusieurs figures mythologiques restées dans le langage jusqu'à une époque assez récente étaient fort bien comprises, et n'exigeaient pas plus d'explications que nos expressions « le soleil se couche » ou « le soleil se lève. » Mais il refuse d'en tirer aucune conclusion « bien que les attributs et les actes prêtés aux personnages mythologiques, dit-il, soient souvent explicables par l'allégorie, l'ensemble des séries et des systèmes mythologiques ne l'est jamais. Celui qui adopte ce mode d'explication trouve, après un ou deux pas, que le chemin n'est plus tracé, et il est obligé de se frayer lui-même sa route au moyen de raffinements gratuits et de conjectures. » M. Grote admet ce qu'il appelle l'allégorie comme un des matériaux de la mythologie ; cependant, il n'ose tirer les conséquences de son principe, et il laisse toute la mythologie comme une énigme qui ne peut ni ne doit être résolue, comme un passé qui n'eut jamais de présent, refusant d'essayer une solution même partielle de ce problème si important dans l'histoire de l'esprit grec. Un pareil manque de courage scientifique s'il avait eu beaucoup d'imitateurs, aurait privé l'histoire de bien des traits de lumière. Dans les sciences paléontologiques, on doit se résigner à ignorer certaines choses, et ce que Suétone dit du grammairien : « Boni grammatici est nonnulla etiam nescire, » s'applique avec une force particulière au mythologue. Personne n'a exprimé ceci avec plus de modestie que l'un des fondateurs de la mythologie comparée : Grimm, dans l'introduction de sa *Mythologie germanique*, dit sans le moindre artifice : « J'interpréterai tout ce que je pourrai : mais je ne puis pas interpréter tout ce que je voudrais. »

O. Müller a montré par l'exemple du mythe de Cyrène jusqu'à quelle récente époque le langage mythologique resta en usage chez les Grecs. La ville grecque de Cyrène, en Libye, fut fondée vers la trente-septième olympiade ; la race dominante tirait son origine des Minyens, qui régnaient principalement à Iolkos, dans la Thessalie méridionale ; la fondation de cette colonie était due à l'oracle d'Apollon Pythien. De là vint ce mythe : « Kyrène, jeune fille héroïque, qui vivait en Thessalie, est aimée par Apollon et transportée en Libye. » Dans le langage moderne nous dirions : « La ville de Kyrène, en Thessalie, envoya une colonie en Libye, sous les auspices d'Apollon. » On pourrait donner beaucoup d'autres exemples où la simple substitution d'un verbe plus positif dépouille de la sorte un mythe de tout son merveilleux (1). En voici quelques-uns.

Kaunos est appelé le fils de Milet ; ce qui veut dire que des colons crétois de Milet avaient fondé la ville de Kaunos en Lycie. Le mythe dit de plus que Kaunos s'enfuit de Milet pour la Lycie, et que sa sœur Byblos fut changée en fontaine, par suite du chagrin qu'elle éprouva de la perte de son frère. Milet en Ionie étant plus connu que Milet en Crète, a été substitué ici par erreur à la ville

(1) O. Müller a montré comment les différents parents donnés aux *Erinnyes* par les différents poètes étaient suggérés par le caractère que chaque poète leur attribuait. « Évidemment, dit-il dans son *Essai sur les Euménides*, p. 184, cette généalogie répondait mieux aux vues et aux dessins poétiques d'Eschyle qu'une des généalogies courantes qui font dériver les Erinnyes de Skotos et Gæa (Sophocle), de Kronos et Eurynome (dans un ouvrage attribué à Épiménide), de Phorkys (Euphorion), de Gæa Eurynome (Istron), d'Achéron et la Nuit (Eudème), d'Hadès et Persephone (hymnes orphiques), d'Hadès et du Styx (Athénodore et Mnaséas). Voyez, cependant, *Ares*, par H. D. Müller, p. 67.

trant leurs cœurs d'une ardente chaleur, purifiant tout leur être comme une fraîche brise, et illuminant le monde autour d'eux d'une lumière nouvelle? S'il en était ainsi, il n'y avait qu'un nom qu'ils pussent lui donner; il n'y avait qu'une comparaison pour exprimer l'éclat qui trahit l'aurore de l'amour: c'était la rougeur du matin, le lever du soleil. « Le soleil s'est levé, » disaient-ils, quand nous disons: « J'aime. » « Le soleil s'est couché, » quand nous disons: « J'ai aimé. »

Cette conjecture est pleinement confirmée par l'analyse du langage ancien. Le nom de l'Aurore en sanscrit est *Ushas*, identique au grec Ἕως: ces deux mots sont des mots féminins. Mais les Védas connaissent aussi une aurore masculine, ou plutôt un soleil naissant (*agni ausha-sya*, Ἑῶος). Cela posé, on est tenté de croire au premier coup d'œil que Ushas pourrait avoir pris en grec la forme de Ἑῶς. *S* est souvent changé en *r*: c'est une règle générale en sanscrit que *s* suivi d'une lettre moyenne devient *r*. En grec nous avons les formes laconiennes en ερ au lieu de ες; dans le latin ancien, un *r* entre deux voyelles équivaut souvent à un *s* (*asa—ara*). Le mot *Ushas* lui-même a pris en latin la forme d'*Aurora*, qui est dérivé d'un intermédiaire *auros, auroris*, comme *Flora*, de *flos, floris*.

Mais quelque plausibles que puissent paraître de telles analogies, elles ont contre elles une grande difficulté. On n'a jamais encore trouvé un *sh* sanscrit, entre deux voyelles, qui soit représenté par un *r* grec. En conséquence Éros ne peut pas être *Ushas*.

Et cependant Éros est bien le soleil levant. Le soleil, dans les Védas, est souvent appelé le coureur, le cour-

cette histoire est de l'invention de Socrate, et lui dit : « Socrate, tu inventes facilement des histoires égyptiennes ou autres.» Quand Pindare appelle Apophasis la fille d'Épiméthée, on comprenait ce langage mythologique aussi bien que s'il eût dit : «Une arrière-pensée mène à une excuse. » Et dans Homère même, quand il est dit que les Prières boiteuses suivent *Até* (le Sort) en cherchant à l'apaiser, un Grec comprenait ce langage aussi bien que nous lorsque nous disons : « L'enfer est pavé de bonnes intentions. »

Quand on dit, au contraire, que les Prières sont filles de Zeus, nous ne sommes pas encore dans la sphère de la pure mythologie. Ce Zeus était pour les Grecs le protecteur des suppliants; c'est pourquoi les Prières sont appelées ses filles, comme nous pouvons appeler la Liberté la fille de l'Angleterre, ou la Prière le fruit de l'âme.

L'allégorie suffit-elle pour expliquer toute la poésie mythologique des anciens ? Nous ne le pensons pas. Il faut appeler à notre aide un autre élément, qui a joué un grand rôle dans la formation du langage ancien, et pour lequel je ne trouve pas de meilleur nom que *polyonymie* et *synonymie*. La plupart des noms, comme nous l'avons déjà vu, étaient à l'origine des appellatifs ou des attributs, exprimant ce qui semblait être le trait le plus caractéristique de l'objet. Mais comme beaucoup d'objets ont plus d'un attribut, il arriva nécessairement que la plupart des objets, durant la période primitive du langage, eurent plus d'un nom. Dans la suite, la plupart de ces noms devinrent inutiles, et furent remplacés, dans les dialectes qui ont été cultivés d'une manière littéraire, par un nom fixe, qui était en quelque sorte le nom propre de l'objet. Voilà pourquoi plus un langage est ancien, plus il est riche en synonymes.

Les synonymes doivent naturellement donner naissance à beaucoup d'homonymes. Si nous pouvions donner au soleil cinquante noms exprimant différentes qualités, quelques-uns de ces noms seraient également applicables à d'autres objets possédant la même qualité. Ces différents objets seraient donc appelés du même nom; ils deviendraient des homonymes.

Dans les Védas, la terre est appelée *Urvî* (vaste), *Prithvî* (étendue), *Mahî* (grande). Le dictionnaire védique qu'on appelle le *Nighantu* mentionne vingt et un noms qui lui sont également donnés. Ces vingt et un mots sont donc des synonymes. Mais *urvî* (vaste) signifie aussi rivière; *prithvî* (étendue), désigne le ciel et l'aurore; *mahî* (grande, forte) est employé pour signifier vache et discours aussi bien que pour désigner la terre. La terre, la rivière, le ciel, l'aurore, la vache et le discours deviennent donc des homonymes. Ces mots furent simples et intelligibles. Mais la plupart des termes créés au moment du premier épanouissement de la poésie primitive furent basés sur des métaphores hardies. Ces métaphores ayant été oubliées, et la signification des racines s'étant obscurcie et altérée, beaucoup de mots perdirent non-seulement leur sens poétique, mais encore leur sens radical; ils devinrent de simples noms transmis dans la conversation d'une famille, compris peut-être par le grand-père, familiers au père, mais étrangers au fils et mal compris par le petit-fils. La signification radicale d'un mot s'oubliait de la sorte; ce qui était à l'origine un appellatif dégénérait en un simple son et devenait un nom propre. Ainsi ζεύς, qui fut à l'origine un nom du ciel, comme le sanscrit *dyaus*, devint graduellement un nom propre qui ne trahit son sens primitivement appellatif que dans quelques expressions proverbiales, telles que Ζεὺς ὕει, ou « *sub Jove frigido.* »

Après que la véritable signification étymologique d'un mot eût été oubliée, il arriva souvent que, par une sorte d'instinct étymologique qui existe même dans les langues modernes, un sens nouveau s'y attacha ; ainsi Λυκηγενής, le fils de la lumière, Apollon, devint le fils de la Lycie ; de Δήλιος, le brillant, vint le mythe de la naissance d'Apollon à Délos.

. Lorsque deux noms désignaient le même objet, deux personnages sortaient de ces deux noms, et comme la même histoire convenait à tous les deux, ils étaient naturellement représentés comme frères et sœurs, ou comme parents. Nous trouvons, par exemple, Séléné, la lune, à côté de Ménè, la lune ; Helios, le soleil, et Phœbus. Nous pouvons retrouver ainsi dans la plupart des héros grecs des formes humanisées des dieux, avec des noms qui, dans beaucoup de cas, étaient des épithètes de leurs divins prototypes. Il arrivait encore plus fréquemment que des adjectifs liés à un mot, parce qu'il s'appliquait à un certain objet, étaient employés avec le même mot quoique appliqué à un objet différent. Ce que l'on disait de la mer se disait aussi du ciel, et si l'on appelait une fois le soleil un lion ou un loup, il était bientôt doué de griffes et de crinière, même après que la métaphore animale était oubliée. Ainsi le soleil avec ses rayons dorés pouvait être appelé « à la main dorée, » *main* étant exprimé par le même mot que *rayon*. Mais quand la même épithète s'appliquait à Apollon ou à Indra, un mythe se formait ; c'est ainsi que, dans la mythologie sanscrite, nous lisons qu'Indra perdit sa main et que cette main fut remplacée par une main d'or.

Ceci nous donne quelques-unes des clefs de la mythologie ; mais la philologie comparée peut seule nous apprendre à nous en servir. De même qu'en français il est difficile de trouver le sens radical des mots, à moins de les comparer aux formes correspondantes en italien, en espagnol ou en provençal ; de même, il nous serait impossible de découvrir l'origine de plus d'un mot grec sans le comparer à ses corrélatifs plus ou moins altérés en germain, en latin, en slave et en sanscrit. Malheureusement, nous n'avons dans cet ancien cercle de langage rien d'absolument analogue au latin. Le sanscrit n'est pas le père du latin et du grec, comme le latin est le père du français et de l'italien. Mais bien que le sanscrit ne soit qu'une des nombreuses branches de la famille, elle est sans doute l'aînée, car elle a conservé ses mots dans l'état le plus voisin de l'état primitif ; et quand nous réussissons à retrouver un mot latin ou grec dans sa forme correspondante en sanscrit, nous pouvons généralement expliquer sa formation et déterminer sa signification radicale. Que saurions-nous du sens primitif de πατήρ, μήτηρ, θυγάτηρ, si nous en étions réduits à la connaissance du grec ? Mais dès que nous retrouvons ces mots en sanscrit, leur pouvoir primitif est clairement indiqué. O. Müller a été un des premiers à voir et à reconnaître que la philologie classique doit abandonner à la philologie comparée toutes les recherches étymologiques, et que l'origine des mots grecs ne peut s'établir par leur comparaison avec des mots grecs. Ceci s'applique avec une force particulière aux noms mythologiques. Afin de devenir mythologiques, il était nécessaire que certains noms perdissent leur sens radical. Ainsi, ce qui dans une langue était mythologique était souvent naturel et intelligible dans un autre. Nous disons : « Le soleil se couche » ; mais dans la mythologie teutonique, un siége ou un trône est donné au soleil et il s'y asseoit. Nous doutons du sens étymologique du nom d'Hécate, mais nous comprenons de suite Ἕκατος et Ἑκατηβόλος. Nous hésitons à propos de Lucine, mais nous acceptons immédiatement le latin Luna, qui est une simple contraction de *Lucna.* Ce qu'on appelle vulgairement la mythologie hindoue est de peu d'usage pour ces sortes de comparaisons. Les histoires de Siva, de Vishnou, de Mahâdeva, de Pârvati, de Kali, de Krishna, etc., sont d'origine récente, propres à l'Inde et pleines de conceptions étranges et fantastiques. Cette mythologie récente des Pourânas, et même des poëmes épiques, n'est d'aucun secours pour la mythologie comparée ; mais tout un monde de mythologie primitive, naturelle et intelligible nous a été conservé dans les Védas. La découverte de la mythologie des Védas a été à la mythologie comparée ce que la découverte du sanscrit a été à la grammaire comparée. Il n'y a, heureusement, aucun système de religion ou de mythologie dans les Védas. Les noms sont employés dans un hymne comme appellatifs, dans un autre comme des noms de dieux. Le même dieu est quelquefois représenté comme supérieur, d'autres fois comme égal, ou comme inférieur aux autres dieux. La nature des dieux est encore transparente, et leur conception première, dans beaucoup de cas, est clairement perceptible. Il n'y a aucune généalogie, aucun mariage arrangé entre les dieux et les déesses. Le père est quelquefois le fils, le frère est le mari, et la divinité féminine qui dans un hymne est la mère, dans un autre est l'épouse. Les conceptions du poëte variaient, et avec elles changeait la nature de ses dieux. Nulle part l'immense distance qui sépare les anciens poëmes de l'Inde de la plus ancienne littérature de la Grèce n'est plus vivement sensible que lorsque nous comparons les mythes des Védas, qui sont tous des mythes en voie de se faire, avec les mythes formés et vieillis sur lesquels est fondée la poésie d'Homère. La véritable théogonie des races ariennes est dans les Védas. La théogonie d'Hésiode n'est qu'une reproduction informe de l'idée primitive. Il faut lire les Védas pour savoir à quelle nature de conceptions l'esprit humain, bien que doué de la conscience naturelle d'un pouvoir divin, est inévitablement amené par la force irrésistible du langage appliqué aux idées surnaturelles et abstraites. Pour faire comprendre aux Hindous qu'ils adorent de simples noms de phénomènes naturels, graduellement obscurcis, puis personnifiés et déifiés, il faudrait encore recourir aux Védas. C'était une erreur des premiers Pères de l'Église de traiter les dieux païens de démons ou de mauvais esprits, et nous devons éviter de commettre la même méprise relativement aux dieux des Hindous. Leurs dieux n'ont pas plus de droits à une existence substantielle que *Eos* ou *Hemera*, que *Nyx* ou *Apaté*. Ce sont des masques sans acteurs, des créations de l'homme et non ses créateurs; ils sont *nomina*, et non *numina*; des noms sans être, et non des êtres sans nom.

On peut quelquefois expliquer un mythe grec, latin ou teutonique avec les ressources que chacune de ces langues possède encore; de même que beaucoup de mots grecs peuvent s'expliquer étymologiquement sans aucune comparaison avec le sanscrit ou le gothique. Nous commencerons par quelques-uns des mythes de la première espèce, et nous arriverons ensuite aux plus difficiles, à ceux qui doivent recevoir la lumière de régions plus éloignées, des rochers neigeux de l'Islande et des chants de l'Edda, ou des bords des « Sept Rivières » et des hymnes des Védas.

La riche imagination de la nation grecque, sa prompte perception et sa vivacité intellectuelle font comprendre facilement comment, après la séparation de la race arienne, aucune langue ne fut plus riche et aucune mythologie plus variée que celle des Grecs. Les mots étaient créés avec une facilité merveilleuse, puis oubliés avec l'insouciance que donne aux hommes de génie la conscience d'un pouvoir inépuisable. La création de chaque mot était à l'origine tout un poëme. Mais ces mots, semblables à la poésie populaire de la Grèce, oubliaient bientôt le poëte à qui ils devaient leur existence, s'ils étaient adoptés par la tradition, et s'ils vivaient dans le langage d'une famille, d'une ville, d'une tribu. Leur descendance généalogique, leur caractère primitif et leur signification étymologique étaient inconnus aux Grecs eux-mêmes. Les Grecs se souciaient aussi peu de l'individualité étymologique de leurs mots que du nom de chacun de leurs bardes. Homère suffisait à leur curiosité, et ils acceptaient volontiers toute étymologie qui expliquait quelque partie du sens d'un mot, aucune considération historique n'intervenant jamais dans leurs suppositions ingénieuses. On sait comment Socrate change, sur l'inspiration du moment, Éros en un dieu ailé ; Homère trouve tout aussi facilement des étymologies, et ces étymologies ne prouvent qu'une chose, c'est que la véritable origine des noms des dieux avait été oubliée longtemps avant lui.

Lorsque quelques-uns des personnages mythiques ont conservé des noms intelligibles en grec, le sens du mythe est facile à découvrir. Les noms d'Éos, de Séléné, d'Hélios, sont des mots qui portent en eux leur propre histoire. Prenons pour exemple le beau mythe de Séléné et d'Endymion : Endymion est le fils de Zeus et de Kalyke, mais il est aussi fils d'Aethlios, roi d'Élide, appelé lui-même fils de Zeus, et à qui Endymion succéda, dit-on, comme roi d'Élide. Ceci localise notre mythe, et montre que l'Élide est le lieu où il naquit ; sans doute, selon la coutume grecque, la race régnante d'Élide croyait tirer son origine de Zeus. La même coutume prévalut dans l'Inde ancienne et produisit les deux grandes familles royales : la race solaire et la race lunaire. Il peut y avoir eu un roi d'Elide, Aethlios, ayant eu un fils Endymion ; mais ce que le mythe dit d'Endymion ne peut être arrivé au roi d'Élide. Le mythe transporte Endymion en Carie, au mont Latmos, parce que c'est dans la caverne latmienne que Séléné vit le beau dormeur, l'aima et le perdit. Or, il ne peut y avoir aucun doute sur la signification de Séléné ; lors même que la tradition n'aurait conservé que son autre nom *Astérodia*, nous aurions traduit ce synonyme par «Voyageuse parmi les étoiles,» c'est-à-dire Lune. Mais qui est Endymion? C'est un des nombreux noms du soleil, et l'un de ceux qui se rapportent spécialement au soleil couchant ou mourant. Ce mot est évidemment dérivé de ἐν-δύω, mot qui dans quelque dialecte du grec ancien signifiait sans doute se coucher, quoique dans le grec classique le verbe simple δύω soit seul resté le nom technique du coucher du soleil. De ἔνδυμα fut formé ἐνδυμίων, comme οὐρανίων de οὐρανός, et comme l'ont été la plupart des noms de mois grecs. Si ἔνδυμα était devenu le nom ordinaire du coucher du soleil, le mythe d'Endymion ne se serait jamais formé. Mais la signification primitive d'Endymion étant oubliée, ce qu'on disait à l'origine du soleil couchant devint l'attribut d'un certain personnage envisagé comme un dieu ou un héros. Le soleil couchant dormit *autrefois* dans la caverne latmienne, la caverne de la nuit (Latmos étant dérivé de la même racine que Leto, Latona, la nuit); mais *maintenant* il dort sur le mont Latmos, en Carie. Endymion, plongé dans un éternel sommeil après une vie d'un seul jour, était *autrefois* le soleil couchant, le fils de Zeus, le ciel brillant, et de Kalyke, la nuit qui couvre tout (de καλύπτω); ou de Zeus et de Protogeneia, la déesse née la première, identique à l'Aurore, qui est toujours représentée, soit comme la mère, soit comme la sœur ou l'épouse abandonnée du Soleil. *Maintenant* il est le fils d'un roi d'Élide, sans doute parce que les rois prenaient souvent des noms de bon augure, liés avec le soleil, la lune, ou les étoiles. Un mythe lié à un nom du soleil a été ainsi reporté sur son homonyme humain. Dans l'ancien langage poétique et proverbial de l'Élide, le peuple disait : « Séléné aime Endymion et le regarde, » au lieu de dire : « Il commence à faire nuit ; » ou bien : « Séléné embrasse Endymion, » au lieu de : « Le soleil se couche, et la lune se lève ; » ou bien : « Séléné embrasse Endymion endormi, » au lieu de : « Il fait nuit. » Ces expressions restèrent longtemps après que leur signification eut cessé d'être comprise ; et, du consentement de tous, sans aucun effort personnel, une histoire se forma, d'après laquelle Endymion aurait été un jeune garçon aimé d'une jeune dame, Séléné. Si les enfants voulaient en savoir davantage, la grand-mère leur contait que ce jeune Endymion était fils de Protogeneia, c'est-à-dire de l'Aurore donnant naissance au Soleil, ou de Kalyke, la sombre et épaisse Nuit. Ce nom faisait vibrer bien des cordes : on pouvait donner trois ou quatre raisons différentes (comme l'ont fait les anciens poëtes) du sommeil éternel d'Endymion ; et si un poëte populaire avait fait allusion à l'une de ces explications, elle devenait bientôt un fait mythologique, répété par les poëtes postérieurs ; de telle sorte qu'Endymion devint à la fin le type, non plus du soleil couchant, mais d'un beau garçon aimé d'une chaste jeune fille, et, par conséquent, un nom très-propre à un jeune prince. Beaucoup de mythes ont ainsi été transférés à des personnes, à cause d'une simple similitude de nom. Il faut cependant avouer qu'il n'y a aucune preuve historique de l'existence d'un prince d'Élide appelé Endymion.

Telle est la loi qui préside à la formation d'une légende. A l'origine, elle n'est qu'un simple mot, un de ces mots nombreux qui n'ont qu'un cours local et perdent leur valeur si on les transporte en des endroits éloignés: mots inutiles pour l'échange journalier de la pensée, monnaie falsifiée dans les mains de la foule, qu'on ne jette point cependant, mais qu'on garde comme curiosité et comme ornement, jusqu'à ce que l'antiquaire la déchiffre après bien des siècles. Malheureusement, nous ne possédons pas ces légendes telles qu'elles étaient lorsqu'elles passèrent de bouche en bouche dans les villages ou dans les châteaux des montagnes. Nous ne les avons pas telles que les contaient les vieillards, en un langage qu'eux-mêmes ne comprenaient qu'à demi, et qui devait sembler étrange à leurs enfants, ni comme les contait un poëte d'une cité naissante, qui personnifiait les traditions de son voisinage dans un long poëme, en leur attribuant une forme et une durée certaines. Nous n'avons pas pour la Grèce de légendes semblables à celles que Grimm a recueillies dans sa *Mythologie*, de la bouche du pauvre peuple en Allemagne. Excepté les cas où Homère a conservé un mythe local, tout est arrangé comme un système, ayant au commencement la *Théogonie*, le *Siége de Troie* au milieu, et le *Retour des héros* à la fin. Mais combien de parties de la mythologie grecque ne sont pas mentionnées par Homère! Nous arrivons après lui à Hésiode, moraliste et théologien, et ici encore nous ne retrouvons qu'un petit fragment du langage mythologique de la Grèce. Nos principales sources sont donc les anciens chroniqueurs qui prirent la mythologie pour de l'histoire, et ne lui empruntèrent que ce qui répondait à leur dessein. Et ceux-ci même ne nous ont point été conservés; seulement ils furent la source où les écrivains postérieurs, tels qu'Apollodore et les scholiastes, prirent leurs informations. Le premier devoir du mythologue est d'éclaircir ce mélange, d'écarter tout ce qui est systématique et de réduire chaque mythe à sa forme primitive. Il faut retrancher complétement beaucoup de choses qui ne sont pas essentielles ; après que la rouille est enlevée, il faut déterminer avant tout, comme pour les anciennes médailles, la localité, et, s'il est possible, l'âge de chaque mythe par le caractère de sa formation. De même que nous classons les médailles anciennes en monnaies d'or, d'argent et de cuivre, nous devons distinguer soigneusement les légendes des dieux, celles des héros et celles des hommes. Si nous réussissons à déchiffrer ainsi les anciens noms et les légendes de la mythologie grecque ou de toute autre mythologie, nous verrons que le *passé* de la mythologie grecque, ou de toute autre mythologie, a eu son *présent*, qu'il y a des traces de pensée organique dans ces restes pétrifiés, et que ces stratifications maintenant ensevelies si profondément ont formé autrefois la surface du langage grec. La légende d'Endymion était un *présent* à l'époque où le peuple d'Élide comprenait le vieux langage d'après lequel la Lune (ou Séléné) se levait sous le voile de la Nuit (ou dans la caverne latmienne) pour voir et admirer, dans un silencieux amour, la beauté du soleil couchant, c'est-à-dire Endymion le dormeur, le fils de Zeus, et lui accorder le double don d'un éternel sommeil et d'une jeunesse perpétuelle.

Endymion n'était pas le Soleil dans son caractère divin de Phœbus Apollon, mais une conception du Soleil dans sa course de chaque jour, se levant de bonne heure du sein de l'Aurore, et, après une courte et brillante carrière, se couchant le soir, pour ne jamais revenir dans cette vie mortelle. De semblables conceptions sont fréquentes dans la mythologie arienne, et le Soleil considéré de cette façon est quelquefois représenté comme divin, mais non immortel, d'autres fois comme vivant, mais endormi, ou comme un mortel aimé d'une déesse, mais atteint par le sort de l'humanité. Ainsi *Tithonos*, étant dérivé de la même racine que Titan (1), exprimait à l'origine l'idée du Soleil dans son caractère quotidien ou annuel. De même qu'Endymion, il ne jouit pas de l'immortalité complète de Zeus et d'Apollon. Endymion conserve sa jeunesse, mais il est voué au sommeil. Tithonos est rendu immortel, mais comme Éos a oublié de demander pour lui la jeunesse éternelle, il devient un vieillard décrépit, dans les bras de sa femme toujours jeune, qui l'aimait quand il était jeune, et qui est bonne pour lui dans sa vieillesse. D'autres traditions, craignant peu les contradictions, ou prêtes à les résoudre, même au prix des expédients les plus atroces, font de Tithonos le fils d'Eos et de Képhalos, comme Endymion était le fils de Protogeneia, l'Aurore; cette liberté montre qu'à l'origine un Grec savait ce que signifiait une phrase comme celle-ci: Eos quitte chaque matin le lit de Tithonos. Tant que cette expression fut comprise, le mythe fut un *présent;* mais ce fut un *passé* dès que Tithonos devint un fils de Laomédon, frère de Priam et prince de Troie, et que son fils, l'Éthiopien Memnon, dut prendre part à la guerre troyenne. Alors ce langage, qu'Éos quittait son lit le matin, devint mythique et n'eut plus

(1) Voyez l'essai de Jacob Grimm sur le *Dieu de l'Amour.*

qu'une signification conventionnelle ou traditionnelle. Et cependant, même alors, le vieux mythe semble flotter confusément dans la mémoire du poëte ; car lorsque Eos pleure son fils, le beau Memnon, le poète appelle ses pleurs « la rosée du matin, » de sorte que l'on peut dire que le *passé* était encore à demi un *présent*.

Nous avons dit que Képhalos était regardé comme l'amant d'Éos et le père de Tithonos ; nous ajouterons que Képhalos, de même que Tithonos et Endymion, était encore un de ces noms du Soleil. Mais Képhalos était le Soleil levant, la *tête de la lumière*, expression souvent employée dans différentes mythologies pour désigner le soleil. Dans les Védas, où l'on parle du soleil comme d'un cheval, la tête du cheval est une expression signifiant le soleil levant. Les nations teutoniques parlent du soleil comme de l'œil de Wuotan, de même qu'Hésiode parle de « l'œil de Jupiter qui voit toute chose .» Dans les Védas, le soleil est encore appelé « la face des dieux ,» ou « la face d'Aditi, » et il est dit que les vents obscurcissent l'œil du soleil par des torrents de pluie.

Une idée semblable conduisit les Grecs à former le nom de Képhalos, et lorsqu'on l'appelait le fils de Hersé, la Rosée, cela signifiait dans le langage mythologique ce que nous exprimerions par le soleil se levant sur des champs couverts de rosée. On raconte de Képhalos qu'il était le mari de Prokris, qu'il l'aimait, et qu'ils se jurèrent d'être fidèles l'un à l'autre. Mais Éos aussi aime Képhalos ; elle lui avoue son amour, et Képhalos, fidèle à Prokris, ne l'accepte pas. Eos, qui connaissait sa rivale, répond à Képhalos qu'il faut rester fidèle à Prokris, jusqu'à ce que cette dernière manque à son serment. Képhalos accepte la gageure, approche de sa femme déguisé en étranger, et obtient ses faveurs. Prokris, découvrant sa honte, s'enfuit en Crète. Là, Diane lui donne un chien et une lance qui ne manque jamais son but, et Prokris retourne auprès de Képhalos, déguisée en chasseur. Pendant qu'elle chasse avec Képhalos, celui-ci lui demande le chien et la lance. Elle les lui promet en retour de son amour, et quand il y a consenti, elle se fait reconnaître, et est reprise par Képhalos. Cependant Prokris craint les charmes d'Éos, et pendant qu'elle épie avec jalousie son mari, elle est tuée par lui avec la lance qui ne manquait jamais son but.

Avant de pouvoir expliquer ce mythe, qui est raconté avec beaucoup de variantes par les poëtes grecs et latins, il faut le disséquer et le réduire à ses éléments constitutifs.

Le premier de ces éléments est : « Képhalos aime Prokris. » Pour expliquer Prokris, il faut recourir à une comparaison avec le sanscrit, où *prush* et *prish* signifient « arroser, » et sont employés principalement pour désigner les gouttes de pluie. La même racine dans le langage teutonique a pris le sens de « gelée, » et Bopp identifie *prush* avec l'ancien-haut-allemand *frus*, *frigere*. En grec, nous devons rapporter à la même racine πρώξ, πρωκός, une goutte de rosée. Ainsi, Prokris désigne la rosée, et la femme de Képhalos n'est qu'une répétition de Hersé, sa mère ; Hersé, rosée, étant également dérivé du sanscrit *vrish*, arroser. La première partie de notre mythe signifie donc simplement : « Le soleil baise la rosée du matin. »

Le second élément est : « Éos aime Képhalos. » Ceci

n'a pas besoin d'explication; c'est le vieux conte répété cent fois dans la mythologie arienne : « L'Aurore aime le Soleil. »

Le troisième élément est : « Prokris est infidèle; cependant son nouvel amant, quoique sous une autre forme, est toujours Képhalos. » On peut interpréter ceci comme une expression poétique des rayons du soleil réfléchis en diverses couleurs par les gouttes de rosée. Prokris est embrassée par beaucoup d'amants; cependant tous sont Képhalos, déguisé, puis enfin reconnu.

Le dernier élément est : « Prokris est tuée par Képhalos, » c'est-à-dire la rosée est absorbée par le soleil. L'absorption graduelle et inévitable de la rosée par les rayons brûlants du soleil est exprimée par le trait fatal de Képhalos, lancé sans intention sur Prokris, cachée dans le le buisson de la forêt (1).

Nous n'avons qu'à réunir ces quatre éléments, et nous aurons l'histoire de l'amour et de la jalousie de Képhalos, Prokris et Eos. S'il était nécessaire de prouver la nature solaire de Képhalos, nous pourrions rappeler que la première rencontre de Képhalos et de Prokris a lieu sur le mont Hymette, et qu'ensuite Képhalos se jette dans la mer par désespoir, du haut des montagnes de Leucade. Or, dans l'Attique, à laquelle tout le mythe appartient, le soleil, pendant la plus grande partie de l'année, apparaissait en se levant sur le mont Hymette comme une tête resplendissante. Une ligne droite menée de cet endroit le plus oriental à la pointe la plus occidentale de la Grèce, nous conduit au promontoire de Leu-

(1) ..... La rugiada
Pugna col sole. Dante, *Purgatorio*, I, 121.

cade, où Képhalos noya ses chagrins dans les vagues de l'Océan.

Un autre coucher de soleil magnifique nous apparaît dans le mythe de la mort d'Héraclès. Le double caractère d'Héraclès, comme dieu et comme héros, est reconnu même par Hérodote, et quelques-unes de ses épithètes suffisent pour indiquer son caractère solaire, quoique aucun nom peut-être n'ait été le sujet d'autant de contes mythologiques, historiques, physiques et moraux. Les noms qu'il partage avec Apollon et Zeus sont Δαφνηφόρος, Ἀλεξίκακος, Μάντις, Ἰδαῖος, Ὀλύμπιος, Παγγενέτωρ.

Or, dans son dernier voyage, Héraclès, de même que Képhalos, avance de l'est à l'ouest. Il accomplit son sacrifice à Zeus sur le promontoire Kenæon de l'Eubée. quand Déjanire lui envoie le fatal vêtement. Il jette alors dans la mer Lichas, qui est changé en île. De là Héraclès passe à Trachys et au mont Œta, où son bûcher se dresse ; le héros est brûlé et s'élève à travers les nuages jusqu'au siége des dieux immortels, devenu lui-même immortel et marié à Hébé, la déesse de la jeunesse. Le vêtement que Déjanire envoie au héros solaire, est une expression fréquemment employée dans d'autres mythologies ; c'est le vêtement que dans les Védas « les mères tissent pour leurs brillants fils ; » ce sont les nuages qui s'élèvent de l'eau et entourent le soleil comme un sombre vêtement. Héraclès essaie de l'arracher, son ardente splendeur perce à travers l'obscurité qui s'épaissit ; mais des nuages enflammés l'embrassent et se mêlent aux derniers rayons du soleil ; alors on voit, à travers les nuages épars du ciel, le héros mourant, qui déchire son propre corps, jusqu'à ce que ce corps brillant soit consumé dans un embrasement général. Sa dernière amante est Iole, qui représente peut-être les nuages colorés de violet du soir, ou peut-être ἰός, poison; d'où serait venu le mythe d'un vêtement empoisonné.

Dans les deux légendes que nous venons d'analyser, la langue grecque fournit presque tout ce qui est nécessaire pour rendre intelligibles et rationnelles ces étranges histoires, quoique les Grecs plus modernes, Homère et Hésiode, n'eussent assurément aucun soupçon de la signification primitive de ces traditions. Mais, de même qu'il y a des mots grecs qui n'ont aucune explication en grec, et qui, si on ne les avait comparés au sanscrit et aux autres dialectes de même origine, seraient toujours restés de simples sons pour le philologue ; de même il y a des noms de dieux et de héros inexplicables au seul point de vue grec, et dont on ne peut découvrir le caractère primitif sans les confronter avec les dieux ou les héros de l'Inde, de la Perse, de l'Italie ou de l'Allemagne. Un autre mythe de l'aurore fera mieux comprendre ceci.

Ahan en sanscrit est un des noms du jour ; or, *ahan* est mis pour *dahan*, comme *asru*, larme, pour *dasru*, grec δάκρυ. En sanscrit, on trouve la racine *dah* qui signifie *brûler*, et de cette racine on a bien pu former un nom du jour de la même manière que *dyu*, jour, est formé de *dyu*, être brillant. Nous n'avons pas à examiner ici si le gothique *dags*, jour dérive de ce mot. Selon la règle établie par Grimm, *daha*, en sanscrit, devrait devenir en gothique *taga*, et non *daga*. Cependant il y a plusieurs noms ariens où la loi de Grimm est violée, et Bopp semble disposé à considérer *daga* et *daha* comme identiques à l'origine. Il est certain que la même racine qui a formé les noms teutoniques du jour a aussi donné naissance au nom de l'aurore. En allemand, nous disons : *Der Morgen tagt ;* en vieil anglais, jour se disait *dawe*, tandis que le verbe exprimant l'apparition de l'aurore, était, en anglo-saxon, *dagian*.

Or, dans les Védas, un des noms de l'aurore est *Ahanâ*. (Rigv. I. CXXIII, 4.) Nous avons déjà vu l'Aurore dans diverses relations avec le Soleil ; mais nous ne l'avons pas encore vue comme l'amante du Soleil, fuyant devant son amant, et détruite par son étreinte. C'était là pourtant une expression très-familière dans le vieux langage mythologique des Ariens. L'Aurore est morte dans les bras du Soleil, L'Aurore fuit devant Le Soleil, ou le Soleil a brisé le char de l'Aurore, étaient des expressions signifiant simplement, le soleil est levé, l'aurore a disparu. Dans un hymne des Védas célébrant les exploits d'Indra, la principale divinité solaire des Védas, il est dit qu'il a vaincu l'Aurore et brisé son char. (Rigvéda IV, XXX.) Dans d'autres endroits, elle est aimée par tous les dieux brillants du ciel, sans en excepter son propre père.

En traduisant *Dahanâ* en grec, nous avons Daphné, et toute l'histoire de Daphné devient ainsi intelligible. Daphné est jeune et belle, Apollon l'aime, elle fuit devant lui et meurt quand il l'embrasse avec ses brillants rayons, ou comme le dit un poëte des Védas (X, CLXXXIX) : « L'Aurore s'approche de lui, elle expire dès que l'être puissant qui illumine le ciel commence à respirer. » Quiconque aime et comprend la nature comme les poëtes primitifs peut se figurer encore Daphné et Apollon, c'est-à-dire l'Aurore tremblant et se précipitant à travers le ciel, puis s'évanouissant à l'approche soudaine du brillant Soleil. La métamorphose de Daphné en laurier est une continuation du mythe toute particulière à la Grèce. Daphné, en grec, ne signifiait plus l'aurore, mais était devenu le nom du laurier. L'arbre daphné fut donc consacré à l'amant de Daphné, et la fable voulut que Daphné elle-même fût changée en arbre quand elle pria sa mère de la protéger contre la violence d'Apollon.

Sans le secours des Védas, le nom de Daphné et la légende qui y est attachée seraient restés inintelligibles; car le sanscrit moderne ne donne aucune clef de ce nom. Ceci prouve la valeur des Védas pour la mythologie comparée; une telle science, avant la découverte de ces livres, ne pouvait être qu'un amas d'hypothèses, sans principes fixes ni base solide.

Le grand nombre de mythes se rapportant à l'Aurore montre de combien de manières différentes la même idée peut être exprimée mythologiquement. L'Aurore est réellement une des plus riches sources de la mythologie arienne. Une autre classe de légendes, personnifiant la lutte entre l'hiver et l'été, le retour du printemps, le renouvellement de la nature, n'est dans la plupart des langues qu'un reflet et une amplification d'histoires plus anciennes, racontant la lutte entre le jour et la nuit, le retour du matin et la renaissance du monde entier. Les histoires de héros solaires combattant au milieu de l'orage et du tonnerre contre les puissances de l'obscurité sont empruntées à la même source. Les vaches, auxquelles on fait si souvent allusion dans les Védas, que Vritra a enlevées et qu'Indra a reprises, sont en réalité ces mêmes vaches brillantes que l'Aurore conduit chaque matin à leur pâturage, et qui de leurs lourds pis envoient sur la terre desséchée une rosée rafraîchissante et fertilisante, c'est-à-dire les nuages. Pour nous encore, à qui la philosophie a enseigné que le *nil admirari* est la plus haute sagesse. il n'est aucun spectacle plus attrayant que celui de l'aurore. Mais autrefois le pouvoir d'admirer était la plus grande bénédiction accordée à l'humanité; et quand l'homme pouvait-il admirer plus profondément, quand son cœur était-il plus rempli de bonheur qu'à l'approche du seigneur de la lumière?

Si les peuples de l'antiquité appelaient les lumières éternelles du ciel, leurs dieux, leurs êtres brillants (*deva*), l'Aurore devait être la première née parmi les divinités, *Protogeneia*, la plus chère aux hommes, toujours jeune et toujours fraiche. Mais si l'Aurore était admirée seulement comme un être bon, éveillant chaque matin les enfants des hommes, sa vie devait sembler courte. Elle se dissipe bientôt, et meurt quand la source de la lumière envoie son premier rayon à travers la voûte du ciel. Nous ne pouvons plus nous imaginer le sentiment avec lequel l'antiquité regardait ces spectacles de la nature. Pour nous, tout est une loi, un ordre, une nécessité. Nous calculons le pouvoir de réfraction de l'atmosphère, nous mesurons la durée possible de l'aurore dans tous les climats, et le lever du soleil ne nous étonne plus. Mais si nous pouvions croire encore qu'il y a dans le soleil un être comme nous, que dans l'aurore il y a une âme ouverte à la sympathie ; si nous pouvions encore un moment considérer ces puissances comme personnelles, libres et adorables, combien nos sentiments ne seraient-ils pas différents à l'approche du jour? Cette assurance avec laquelle nous disons : Le soleil *doit* se lever, était inconnue aux premiers adorateurs de la nature, ou s'ils commençaient à sentir la régularité avec laquelle le soleil et les autres astres accomplissent leur travail quotidien, ils les prenaient toujours pour des êtres libres, enchaînés pour un temps et obligés d'obéir à une volonté supérieure, mais sûrs de s'élever, comme Héraclès, à une gloire plus haute à la fin de leurs travaux. Quand nous lisons dans les Védas : « Le soleil se lèvera-t-il ? » « Notre antique amie, l'Aurore, reviendra-t-elle ? » « Les puissances de la Nuit seront-elles vaincues par le dieu de la lumière ? » ces expressions nous semblent puériles. Mais il n'en était pas ainsi pour les hommes primitifs. Quand le soleil se levait, ils s'étonnaient de ce qu'à peine né il fût si puissant, et qu'il eût, pour ainsi dire, étranglé dans son berceau les serpents de la nuit. Ils se demandaient comment il pouvait cheminer à travers le le ciel, pourquoi il n'y avait pas de poussière sur sa route, pourquoi il ne tombait pas à la renverse. Enfin ils le saluaient, et l'œil humain sentait qu'il ne pouvait soutenir la majesté radieuse de celui que tous appelaient « la vie, le souffle, le brillant seigneur et père. »

Ainsi le lever du soleil était la révélation de la nature ; elle éveillait dans l'esprit humain ce sentiment de dépendance, d'impuissance, d'espoir, de joie et de foi en des puissances supérieures, qui est la source de toute sagesse et l'origine de toute religion. Mais si le lever du soleil inspira les premières prières et appela les premières flammes du sacrifice, le coucher du soleil ne causa pas à l'homme une moindre émotion. Quand le jour disparaît, le poëte se lamente sur la mort prématurée de son brillant ami, et il voit dans cette courte carrière l'image de sa propre vie. La place où le soleil couchant se retire dans l'occident lointain se présente à son esprit comme la demeure où lui-même ira après sa mort, où « ses pères allèrent avant lui, » et où les hommes sages et pieux se réjouissent dans une « nouvelle vie avec Yama et Varouna. » Souvent, au contraire, il considérait le soleil, non comme un héros dont la vie est courte, mais comme jeune, ne changeant pas, toujours semblable à lui-même, tandis que les hommes mortels passent, génération après génération. Et de là, par la simple force du contraste, la première révélation d'êtres qui ne vieillissent ni ne déclinent, d'immortels, d'immortalité! Alors le poëte suppliait le Soleil immortel de revenir pour accorder au dormeur un nouveau jour. Le dieu du jour devenait le dieu du temps, de la vie et de la mort. Quels sentiments le Crépuscule, le frère de l'Aurore, renouvelant avec une lumière plus sombre les merveilles du matin, n'a-t-il pas dû éveiller chez le poëte rêveur? Combien de poëmes doit-il avoir inspirés dans le langage vivant des anciens temps? Etait-ce l'Aurore qui venait encore ombrager une dernière fois celui qui la quittait jusqu'au matin? Etait-elle la déesse immortelle sans cesse revenant, tandis que lui, le mortel, le Soleil meurt chaque jour? Ou était-elle l'amante mortelle disant un dernier adieu à son immortel amant, brûlé pour ainsi dire sur le même bûcher qui devait la consumer, avant de s'élever au séjour des dieux?

Supposons ces simples scènes exprimées dans le langage des temps anciens, et nous nous trouverons en présence d'une mythologie pleine de contradictions et d'inconséquences, le même être étant représenté comme mortel ou immortel, comme homme ou comme femme, selon que l'œil de l'homme changeait de point de vue, et prêtait ses propres couleurs au jeu mystérieux de la nature.

L'histoire d'Urvasi et de Pourouravas, un des mythes des Védas, exprime d'une manière singulièrement pittoresque cette relation de l'Aurore et du Soleil, cet amour entre l'immortelle et le mortel, ainsi que l'identité de l'aurore et du crépuscule. Ces deux noms, Urvasî et Pourouravas, ne sont pour les Hindous plus modernes que des noms propres, et même dans les Védas, leur signification primitive est presque entièrement effacée. Il y a dans le *Rigvéda* un dialogue entre Urvasî et Pourouravas, où tous deux apparaissent personnifiés de la même manière que dans la comédie beaucoup plus moderne du poëte indien *Kalidâsa*. Urvasî cependant était primitivement une appellation et signifiait aurore.

L'étymologie d'Urvasî est difficile à retrouver. On ne peut admettre que ce mot soit dérivé d'*urva* au moyen du suffixe *sa*, comme le propose le docteur Kuhn, parce qu'il n'y a pas de mot comme *urva*, et parce que les dérivatifs en *sa* comme *romasa*, *yuvasa*, etc., ont l'accent sur la dernière syllabe. L'explication des Indiens est plus admissible. Ils font dériver *Urvasî* de *uru*, ~~grand~~ εὐρύ, et d'une racine *as*, pénétrer. On peut donc comparer *uru-asî*, avec un autre mot fréquemment employé comme épithète de l'aurore, *urûkî*, féminin de *uru-ak*, qui va loin. Un des traits les plus frappants de l'Aurore et un de ceux qui la distinguent de tous les autres habitants du ciel, c'est qu'elle occupe en un instant la vaste étendue du ciel, et que ses chevaux parcourent pour ainsi dire avec la rapidité de la pensée l'horizon tout entier. C'est pourquoi nous trouvons que les noms commençant par *uru* en sanscrit et εὐρυ en grec sont presque invariablement d'anciens noms mythologiques de l'Aurore ou du Crépuscule. La Terre aussi réclame, il est vrai, cette épithète, mais dans des combinaisons différentes de celles qui s'appliquent à la brillante déesse. Les noms grecs de l'Aurore sont *Euryphaessa*, la mère d'*Hélios*, *Eurykyde* ou *Eurypyle*, fille d'*Endymion*, *Eurymède*, femme de *Glaukos*, *Eurynome*, mère des *Charites*, et *Eurydice*, femme d'*Orphée*. (Nous démontrerons plus loin que, sous ce dernier nom il faut voir un ancien dieu). Dans les Védas, le nom d'*Ushas* ou *Eos*, n'est guère mentionné sans quelque allusion à sa splendeur qui se répand au loin (1), tandis que la lumière du Soleil n'est pas représentée comme s'étendant beaucoup, mais plutôt comme dardant au loin.

Mais outre l'étymologie, il y a d'autres indications qui nous amènent à supposer qu'Urvasî était primitivement la déesse de l'Aurore. *Vasishtha*, quoique plus connu comme le nom des principaux poëtes des Védas, est le superlatif de *vasu*, brillant, et comme tel est aussi un des noms du soleil. C'est ainsi que des expressions ne s'appliquant à proprement parler qu'au soleil furent transférées à l'ancien poëte. Il est appelé le fils de Mitra et de Varouna, c'est-à-dire de la nuit et du jour,

(1) Le nom qui se rapproche le plus d'Urvasi en grec semble être *Europe*, parce que l'*s* palatal est quelquefois représenté par un π grec, comme asva — ἵππος. La seule difficulté est l'ω long en grec. Sans cela Europe, enlevée par le taureau blanc (l'Aurore est souvent représentée comme étant sur le dos du Soleil), transportée dans une caverne éloignée (l'assombrissement du soir), et mère d'*Apollon*, le dieu de la lumière du jour, et de *Minos* (Manu, un Zeus mortel), concorderait bien avec la déesse de l'Aurore.

expression qui n'a de sens que relativement à Vasishtha, le soleil. Or, comme ce dernier est fréquemment appelé l'enfant de l'Aurore, il est dit que Vasishtha, le poëte, doit sa naissance à Urvasî (Rigvéda, VII, XXXI, 11). Les particularités qui accompagnent sa naissance nous rappellent beaucoup celles qui se retrouvent à la naissance d'Aphrodite, contée par Hésiode.

Nous voyons aussi dans quelques passages du Rigvéda, où se présente le nom d'Urvasî, qu'on lui assignait les mêmes attributs et les mêmes actions qui appartiennent d'ordinaire à *Ushas*, l'Aurore.

Il est souvent dit d'*Ushas*, qu'elle prolonge la vie de l'homme, et la même chose est dite d'Urvasî (Rigvéda, IV, II, 18; V, XLI, 19; X, XCV, 10). Dans un endroit, Urvasî est même employé au pluriel dans le sens de plusieurs aurores ou jours prolongeant la vie de l'homme, ce qui prouve que le pouvoir appellatif du mot n'était pas encore tout à fait oublié. Elle est encore appelée *antarikshapra*, remplissant l'air, épithète du soleil, *brihaddivâ*, douée d'une splendeur puissante, épithètes qui ne conviennent qu'à l'aurore. Cependant la meilleure preuve qu'*Urvasî* était un des noms de l'aurore est la légende de son amour pour Pourouravas, histoire qui n'est vraie que du Soleil et de l'Aurore. Il n'est guère besoin de prouver que Pourouravas est un nom de héros solaire; Pourouravas signifiait la même chose que πολυδεύκης, doué de beaucoup de lumière. Quoique *rava* se dise généralement des sons, cependant la racine *ru*, qui signifiait primitivement crier, est aussi appliquée à la couleur (1),

(1) Ainsi il est dit, Rigv. VI, 3, 6, le feu crie de lumière. Les deux Charites spartiates sont appelées Κλητά et Φαεννά, c'est-à-dire sonnant clair et brillant clair. Il est dit du soleil levant dans les Védas : L'enfant crie.

dans le sens d'une couleur haute ou criarde comme le rouge (cf. *rudhira*, ἐρυθρός, *ruber*, *rufus*, lith. *rauda*, ancien haut-allem. *rôt*). En outre, Pourouravas se nomme lui-même *Vasishtha*, mot qui est encore un des noms du soleil, et il est appelé *Aida*, le fils d'Ida, le même nom qui ailleurs est donné à *Agni*, le feu (Rigvéda, III, XXIX, 3).

Mais revenons à l'histoire d'Urvasî.

Cette histoire sous sa forme la plus ancienne, se trouve dans le brâhmana du Yadjourvéda.

« Une fée nommé Urvasî devint amoureuse de Prourouravas, le fils d'Ida, et quand elle le rencontra, elle lui dit : Embrasse-moi trois fois par jour, mais jamais contre ma volonté, et que je ne te voie jamais sans tes vêtements royaux. » De cette manière elle vécut longtemps avec lui. Alors ses anciens amis, les Gandharvas, dirent : « Cette Urvasî demeure depuis longtemps parmi les mortels ; faisons-la revenir. » Or, il y avait une brebis, avec deux agneaux, attachés à la couche d'Urvasî et de Pourouravas, et les Gandharvas en volèrent un. Urvasî dit : « Ils prennent mon chéri, comme si je vivais dans un pays où il n'y a ni héros ni homme. » Ils volèrent le second, et elle fit encore des reproches à son mari. Alors Pourouravas regarda et dit : « Comment la terre où je suis peut-elle être sans héros ni homme ? » Et il s'élança tout nu, trouvant trop long de mettre ses vêtements. Alors les Gandharvas envoyèrent un éclair, et Urvasî vit son mari sans vêtement comme avec la lumière du jour. Alors elle disparut. « Je reviens, » dit-elle, et elle partit. Alors il pleura son amour perdu, et il alla près de Kouroukshetra. Il y a là un lac appelé Anyatahplaksha, plein de fleurs de lotus ; et tandis que le roi se promenait sur ses bords, les fées jouaient dans l'eau sous la forme d'oiseaux. Urvasî aperçut le roi et dit : « Voici l'homme avec qui j'ai demeuré si longtemps. » Alors ses amies lui dirent : « Apparaissons devant lui. » Elle y consentit, et elles apparurent devant lui. Alors le roi la reconnut et dit : « Hélas ! ma femme ! reste, cruelle ! parlons un peu. Nos secrets, si nous ne les disons maintenant, ne nous apporteront pas de bonheur plus tard. » Elle lui répondit : « Que ferais-je de tes paroles? Je suis partie comme la première des aurores. Pourouravas, retourne chez toi. Je suis difficile à saisir comme le vent. » Il répondit avec désespoir : « Alors, que ton ancien ami tombe maintenant pour ne jamais se relever ; qu'il s'en aille bien loin, bien loin ! qu'il se couche sur le seuil de la mort, et que les loups avides le dévorent ! » Elle lui répondit : « Pourouravas, ne meurs pas ! ne tombe pas ! que les loups méchants ne te dévorent pas ! Il n'y a pas d'amitié avec les femmes ; leurs cœurs sont des cœurs de loups. Quand je vivais parmi les mortels sous une forme différente, quand je demeurai avec toi bien des nuits pendant quatre automnes, je mangeai un jour un petit morceau de beurre, et même maintenant j'en ai encore du plaisir. » Ainsi son cœur s'adoucit enfin, et elle dit : « Viens à moi la dernière nuit de l'année ; tu seras avec moi pendant une nuit, et un fils te naîtra. » Il alla la la dernière nuit de l'année aux siéges dorés, et quand il fut seul, on lui dit de monter, et alors ils lui envoyèrent Urvasî. Alors elle dit : » Les Gandharvas t'accorderont un souhait demain ; choisis » ! Il dit : « Choisis pour moi. » Elle répondit : « Dis-leur : Que je sois un de vous ». Le lendemain matin, de bonne heure, les Gandharvas lui accordèrent un don ; mais quand il dit : « Que je sois un de vous ! » ils répondirent : « Le feu sacré, au moyen duquel l'homme pourrait accomplir un sacrifice et devenir l'un de nous, ne lui est pas encore connu. » Alors ils initièrent Pourouravas aux mystères d'un certain sacrifice, et quand il l'eut accompli, il devint l'un des Gandharvas. »

Voilà la simple histoire contée dans les Brâhmanas, avec l'intention évidente de montrer l'importance du rite dont il y est question : c'est en allumant du feu par le frottement que Pourouravas obtient l'immortalité. Les vers cités dans l'histoire sont tirés du dernier livre du Rigvéda, où nous trouvons, au milieu de beaucoup de restes étranges de poésie populaire, un dialogue entre les deux amants, consistant en dix-sept vers. L'auteur du Brâhmana n'en a connu que quinze ; mais dans l'un des vers qu'il cite, Urvasî dit : « Je suis partie pour toujours comme la première des aurores. » Ce trait montre dans l'esprit du poète une étrange lueur de l'ancien mythe, et nous rappelle les larmes que la mère de Memnon versait sur le cadavre de son fils, larmes que les poètes plus récents nomment encore la rosée du matin. Dans le quatrième vers, Urvasî se désigne encore plus clairement comme identique à l'Aurore. Elle dit à Pourouravas qu'il a été créé par les dieux pour arrêter les pouvoirs de l'obscurité, tâche invariablement attribuée à Indra et aux autres héros solaires. Enfin les noms des compagnes d'Urvasî se rapportent à l'Aurore.

Aucune déesse n'est aussi fréquemment appelée l'amie de l'homme que l'Aurore. Elle va dans chaque maison

(Rigvéda, I, CXXIII, 4); elle pense à la demeure de l'homme (I, CXXIII, 1); elle ne méprise ni le petit ni le grand (I, CXXIV, 6); elle amène la richesse (I, XLVIII, 1); elle est toujours la même, immortelle et divine (I, CXXIV, 4; I, CXXIII, 8); elle ne vieillit pas (I, CXIII, 15); elle est la déesse toujours jeune, mais elle fait vieillir l'homme (I, LXLII, 11). Aussi Pourouravas appelle-t-il Urvasî l'immortelle parmi les mortels, et, dans son dernier vers, s'adresse-t-il à sa bien-aimée en lui disant qu'elle remplit l'air de lumière.

Il faut certainement admettre que, même à l'époque des Védas, les poètes ignoraient autant la signification primitive d'Urvasî et de Pourouravas qu'Homère celle de Tithonos et même d'Eos. Pour eux, c'étaient là des héros, des êtres indéfinis, à demi des hommes et à demi des dieux. Mais, grâce à la philologie comparée, le véritable sens de ces fictions se dévoile à nos regards, quoique nous soyons placés beaucoup plus loin de l'époque où elles furent imaginées. L'antiquité parlait encore du Soleil nu et de la chaste Aurore se cachant la figure quand elle voyait son époux. Après que le Soleil a voyagé dans le monde à la recherche de sa bien-aimée, quand il arrive au seuil de la mort et va terminer sa vie solitaire, elle lui apparaît de nouveau dans le crépuscule, et elle l'emporte aux siéges dorés des immortels. Le crépuscule paraît ici identifié à l'Aurore, comme dans Homère Eos commence et finit le jour (1).

Ce mythe montre bien que la poésie ancienne n'est que le faible écho du langage ancien, et que c'est la nature qui inspira toujours le poète primitif. L'idée d'un

(1) Od. V, 390. Ἀλλ' ὅτε δὴ τρίτον ἦμαρ ἐϋπλόκαμος τέλεσ' ἠώς.

jeune héros, soit qu'on l'appelle Balder, Sigfrid, Achille, Méléagre ou Képhalos, expirant dans la plénitude de sa jeunesse, cette histoire si fréquemment contée, localisée et individualisée, fut suggérée à l'origine par le soleil mourant à la fin du jour dans toute la vigueur de la jeunesse, frappé par les puissances de la nuit, ou percé à la fin de la saison solaire par l'aiguillon de l'hiver. Le destin fatal en vertu duquel ces héros solaires devaient abandonner l'objet de leur premier amour, lui devenir infidèles ou en être trahis, était aussi emprunté à la nature. Leur sort était inévitable : ils devaient mourir soit de la main de leurs parents ou de leurs meilleurs amis, soit par une trahison involontaire. Le Soleil abandonne l'Aurore, meurt à la fin du jour, pour obéir aux lois d'une inexorable destinée, et la nature entière le pleure ; ou bien le Soleil du printemps épouse la Terre, puis l'abandonne, se refroidit, et est enfin tué par l'aiguillon de l'Hiver. C'est là une ancienne histoire, mais elle est toujours nouvelle dans la mythologie et dans les légendes du monde antique. Ainsi dans l'Edda scandinave, Balder, le prototype divin de Sigurd et de Sigfrid, est aimé du monde entier. Les dieux et les hommes, la nature entière, tout ce qui croît et vit a juré à la mère de ne pas blesser le brillant héros. Le gui seul, qui ne croît pas sur la terre, mais sur les arbres, a été oublié, et Balder est tué au solstice d'hiver par une branche de gui que Hoder lui jette par mégarde.

Ainsi Isfendiar, dans le poème épique de la Perse, le *Schahnameh*, ne peut être blessé par aucun glaive ; cependant il doit être tué par une épine lancée en guise de flèche dans son œil par Roustem. Roustem, à son tour, ne peut être tué que par son frère ; Héraclès, par l'amour égaré de sa femme ; Sigfrid, par la sollicitude inquiète de Krimhild ou par la jalousie de Brunhild qu'il a abandonnée. Il n'est vulnérable qu'à un seul endroit, comme Achille, et c'est là que Hagen (l'épine) le frappe. Tous ces contes sont des fragments de mythes solaires. La nature entière était divisée en deux royaumes : l'un noir, froid, semblable à l'hiver et à la mort ; l'autre brillant, chaud, plein de vie, comme l'été. Sigurd, le héros solaire de l'*Edda*, le descendant d'Odin, tue le serpent Fafnir, et conquiert le trésor sur lequel Andvari, le nain, a prononcé sa malédiction. C'est le trésor des Niflungar, le trésor de la terre que les sombres pouvoirs de la nuit et de l'obscurité ont emporté. Sigur représente ici le soleil du printemps, le reprend, et, comme Demeter ayant recouvré sa fille, la terre s'enrichit de tous les trésors. Puis, selon l'*Edda*, Sigurd délivre Brunhild, qui avait été condamnée à un sommeil magique, après qu'Odin l'eut blessée avec une épine, mais qui maintenant, comme le printemps après le sommeil de l'hiver, renaît à une nouvelle vie par l'amour de Sigurd. Sigurd, le seigneur du trésor (*Vasupati*), est entraîné par sa destinée. Il engage sa foi à Brunhild, et lui donne la bague fatale qu'il a prise dans le trésor. Mais il faut qu'il abandonne Brunhild, et quand il arrive au château de Gunnar, Grimhild, la femme de Gunnar, lui fait oublier Brunhild, et il épouse Gudrun, sa fille. Déjà sa course commence à décliner. Il est lié à Gunnar, et même il doit conquérir pour lui son ancienne épouse, Brunhild, que Gunnar prend pour femme. Gunnar semble signifier *obscurité*, et toute la fable signifie ainsi que le printemps qui s'éveille et fleurit est enlevé par Gunnar, comme Proserpine par Pluton, comme Sitâ par Râvana. Gudrun, la fille de Grimhild, est quelquefois aussi appelée comme sa mère, soit que ce dernier nom signifiât été (cf. *gharma* en sanscrit), ou bien qu'il désignât la terre et la nature dans la dernière partie de l'année ; elle est sœur du sombre Gunnar, et, quoique mariée maintenant au brillant Sigurd, elle appartient elle-même aux régions ténébreuses. Gunnar, qui a forcé Sigurd à lui céder Brunhild, trame maintenant la mort de son parent, parce que Brunhild a découvert en Sigurd son ancien amant, et veut se venger. Hogni cherche à dissuader son frère Gunnar du meurtre ; mais le troisième frère, Hoder, poignarde Sigurd endormi pendant le solstice d'hiver. Brunhild l'a toujours aimé, et quand son héros est mort, elle est brûlée sur le même bûcher que Sigurd, une épée étant placée entre les deux amants. Gudrun pleure aussi la mort de son mari, puis elle l'oublie, et épouse Atli, frère de Brunhild. Atli réclame alors le trésor de Gunnar et de Hogni, du droit de sa femme, et quand ils refusent, il les invite à venir dans sa maison, et les fait prisonniers. Gunnar refuse de révéler l'endroit où le trésor est enterré, jusqu'à ce qu'il voie le cœur d'Hogni, son frère. On lui apporte un cœur, mais qui tremble, et il dit : « Ce n'est pas le cœur de mon frère. » Le vrai cœur d'Hogni est apporté, et Gunnar s'écrie : « Maintenant je sais seul où est le trésor, et le Rhin l'aura avant que je te l'abandonne. » Il est alors lié par Atli, et jeté parmi des serpents. Mais il charme les serpents eux-mêmes, en jouant de la harpe avec ses dents, jusqu'à ce qu'enfin une vipère grimpe sur lui et le tue.

Dans l'histoire des Niebelungen, écrite en Allemagne à la fin du douzième siècle, ce mythe est bien changé. Tous les héros sont chrétiens et ont été identifiés avec des personnages historiques du quatrième, du cinquième et du sixième siècle. Gunther est localisé en Bourgogne, où nous savons qu'en 435 un Gundicarius ou Gundaharius fut roi ; c'est le même qui, selon Cassiodore, fut vaincu d'abord par Aétius, et ensuite par les Huns d'Attila. A cause de cela, Atli, frère de Brunhild et second mari de Gudrun (ou Krimhild) est identifié à Attila, le roi des Huns (453), et même le frère d'Attila, Bleda, devient Blodelin, le premier qui attaqua les Bourguignons et fut tué par Dankwart. D'autres personnages historiques sont entraînés dans le tourbillon de l'histoire populaire, personnages qui n'ont aucun précédent dans l'Edda. Ainsi nous trouvons dans les Niebelungen Dietrich de Bern, le même que Théodoric le Grand (454-525), qui vainquit Odoacre à la bataille de Ravenne (la fameuse Rabenschlacht), et vécut à Vérone, en allemand Bern. On a reconnu également que Irenfried, le landgrave de Thuringe qui figure dans le poème, était Hermanfried, roi de Thuringe, marié à Amalaberge, nièce de Théodoric. La coïncidence la plus extraordinaire toutefois est celle de Sigurd, l'amant de Brunhild, identifié avec Sigebert, roi d'Austrasie, qui régnait de 561 à 575, qui fut marié à la fameuse Brunehaut, qui défit les Huns, et fut enfin assassiné, dans les circonstances les plus tragiques, par Frédégonde, la maîtresse de son frère Chilpéric. Cette coïncidence entre le mythe et l'histoire est si grande, que quelques critiques évhéméristes font dériver toute la légende des Niebelungen de l'histoire austrasienne, et font du meurtre de Sigebert par Frédégonde la base du meurtre de Sigfrid, ou Sigurd, par Brunhild. Mais il est plus facile de répondre à ces évhéméristes germains qu'aux anciens évhéméristes grecs ; nous trouvons, en effet, que Jornandès, dont l'histoire fut écrite au moins vingt ans avant la mort de l'Austrasien Sigebert, connaissait déjà la fille du mythique Sigurd, Swanhild, née, suivant l'*Edda*, après le meurtre de son père, et tuée ensuite par Jormunrekr, personnage que le poème a rendu historique sous le nom de Hermanicus, roi goth du quatrième siècle.

Appliquons maintenant aux mythes grecs la loi de formation graduelle que nous avons reconnue par l'étude des mythes germaniques. Il y a évidemment des faits historiques engagés dans le mythe d'Héraclès ; seulement nous ne pouvons pas les déterminer aussi clairement que dans le mythe des Niebelungen, parce que nous n'avons pas de documents historiques contemporains. Héraclès étant représenté comme appartenant à la famille royale d'Argos, il peut y avoir eu un Héraclès; il se peut aussi que cet Héraclès ait été le fils d'un roi nommé Amphitryon, et que ses descendants, après un exil temporaire, aient reconquis la partie de la Grèce autrefois soumise à Héraclès. Mais les traditions relatives à sa naissance miraculeuse, à la plupart de ses aventures héroïques et à sa mort, étaient aussi peu basées sur des faits historiques que les légendes de Sigfrid. Dans Héraclès tuant la Chimère et d'autres monstres, nous voyons se réfléchir l'image de l'Apollon Delphien tuant le serpent, ou de Zeus, le dieu du ciel brillant, avec qui Hercule partage les noms d'Idæos, d'Olympios et de Pangenetor. De même que le mythe de Sigurd et de Gunnar projette ses derniers rayons sur les rois de Bourgogne, sur Attila et sur Théodoric; ainsi le mythe de l'Héraclès solaire eut sa réalité dans quelque prince semi-historique d'Argos ou de Mycènes. Héraclès peut avoir été le nom du dieu national des Héraclides, et ceci expliquerait la haine que lui porte Héré, dont le culte florissait à Argos avant l'émigration dorienne. Ce qui était dit autrefois d'un dieu fut transporté à Héraclès, le chef des Héraclides, adorateurs ou fils d'Héraclès, et, en même temps, quelques faits locaux et historiques, liés avec les Héraclides et leurs chefs, peuvent avoir été mêlés au mythe du héros divin. L'idée d'Héraclès serf d'Eurysthée est d'origine solaire. C'est l'idée du soleil enchaîné à son travail et accomplissant sa tâche pour les hommes, ses inférieurs en force et en courage. Ainsi Sigfrid travaille pour Gunther; Apollon lui-même est pour une année l'esclave de Laomédon. C'étaient là des expressions nécessitées par l'absence de verbes plus abstraits, et familières même aux poètes modernes.

La formation plus récente de la poésie épique et de la poésie tragique peut être empreinte d'un caractère spécialement national; elle peut être grecque, indienne ou germanique; elle peut prendre les différentes couleurs et les différentes chaleurs des cieux et des climats; elle peut même absorber beaucoup d'éléments fortuits et historiques. Mais, si nous l'analysons, nous verrons que le sang qui coule dans toute la poésie antique est le même sang; c'est l'ancien langage mythique. L'atmosphère dans laquelle se développa la poésie primitive des

Ariens était mythologique, et ceux qui la respiraient ne pouvaient pas résister aux influences qui l'imprégnaient.

L'histoire des amours de Pourouravas et d'Urvasî, par exemple, a souvent été contée par les poètes hindous. Nous la trouvons dans leurs poèmes épiques, dans leurs Pourânas et dans la Brihat-Kathâ, *la grande histoire*, collection des légendes populaires de l'Inde. Elle a souffert beaucoup de changements, et, en particulier entre les mains du poète dramatique Kalidâsa, elle est devenue le prétexte d'une foule de combinaisons ingénieuses et de pures fantaisies. Cependant, malgré toutes ces transformations, nous reconnaissons encore le fond lointain sur lequel reposent ces compositions modernes, et nous pouvons admirer l'habileté avec laquelle le poète a donné une vie nouvelle et des sentiments humains aux noms flétris d'un langage depuis longtemps oublié.

M. Carlyle a pénétré profondément au cœur même de la mythologie lorsqu'il dit : « Ainsi, quoique la tradition puisse n'avoir qu'une racine, elle croît comme un bananier, et devient un labyrinthe d'arbres qui s'étend audessus de tout. » Les racines de toutes les histoires de Pourouravas et d'Urvasî étaient ces courtes expressions proverbiales que les anciens dialectes aiment tant : « Urvasî aime Pourouravas, » signifiant « le soleil se lève ; » « Urvasî voit Pourouravas nu, » signifiant « l'Aurore est partie ; » « Urvasî retrouve Pourouravas, » signifiant « le soleil se couche. » Les noms de Pourouravas et d'Urvasî sont de formation indienne ; aussi ne pouvons-nous pas les retrouver identiques dans les autres dialectes ariens. Mais les mêmes idées percent dans le langage mythologique de la Grèce. Un des nombreux noms de l'Aurore en Grèce était Eurydice. Le nom de son mari est inexplicable par la langue classique, comme beaucoup de mots grecs ; mais Orphée est le même mot que le mot sanscrit *Ribhu* ou *Arbhu* ; ce mot, plus connu comme le nom des trois *Ribhus*, était employé dans les Védas comme une épithète d'Indra et comme un nom du Soleil. L'histoire primitive était donc celle-ci : « Eurydice est mordue par un serpent (c'est-à-dire par la Nuit); elle meurt, et descend dans les régions inférieures. Orphée la suit, et obtient de ramener sa femme, à condition de ne pas regarder en arrière. Il en prend l'engagement et quitte le monde inférieur ; Eurydice est derrière lui pendant qu'il s'élève ; mais, poussé par le doute ou par l'amour, il regarde autour de lui. » Ainsi le premier rayon du soleil regarde l'aurore, et l'aurore disparaît. Il peut y avoir eu un ancien poète du nom d'Orphée, car les vieux poètes aimaient les noms solaires ; mais, que ce poète ait existé ou non, il est certain que l'histoire d'Orphée et d'Eurydice ne fut ni tirée d'un événement réel, ni inventée sans cause déterminante. Dans l'Inde aussi, le mythe des *Ribhus* a pris une couleur locale et historique par une simple similitude de noms. Une tribu du nom de *Bribu* (Rigvéda, VI, XLVI, 29) fut admise dans la communauté brahmanique. Ils étaient charpentiers et avaient évidemment rendu des services matériels aux brahmanes. Comme ils n'avaient pas de dieux védiques, les Ribhus leur furent donnés, et l'on attribua à ces dieux beaucoup de choses qui à l'origine avaient été attribuées seulement aux Bribus mortels. Ces réalités historiques ne se prêteront jamais à une analyse mythologique, tandis que les réalités véritablement mythologiques répondent de suite si nous savons les interroger. Il y a une grammaire au moyen de laquelle cet ancien dialecte peut être traduit dans le langage commun des Ariens.

Prenons encore un exemple pour montrer comment les mythes ont été créés, et comment ils se sont graduellement transformés dans le langage. Le soleil et l'aurore ont suggéré tant d'expressions d'amour, que nous pouvons nous demander si les nations ariennes, avant leur séparation, connaissaient le plus ancien des dieux, le dieu de l'Amour. Éros était-il adoré à cette époque éloignée de l'histoire primitive, et que signifiait le nom que les Ariens lui donnaient ?

L'étymologie ordinaire fait dériver Éros d'une racine sanscrite *vri* ou *var*, qui signifie choisir, préférer. Si le nom de l'amour s'était formé dans une société plus avancée en civilisation, une telle étymologie serait explicable ; mais assurément l'idée de peser, de comparer et de choisir avec prudence, ne peut pas avoir frappé un cœur fort et sincère comme le trait principal de l'amour. Imaginons, autant que nous le pouvons, les sentiments sains et vigoureux d'une jeune race d'hommes. libres de suivre l'appel de leur cœur, que ne lient point les règles et les préjugés d'une société raffinée, et guidés seulement par les lois que la nature et les grâces ont gravées dans tout cœur humain. Imaginons ces cœurs soudainement enflammés par un sentiment jusqu'alors inconnu, par une impulsion qu'ils ne savaient même pas nommer. S'ils voulaient lui donner un nom, où pouvaient-ils le chercher? L'amour n'était-il pas pour eux comme un réveil ? N'était-il pas comme une aurore brillant d'une splendeur céleste sur leurs âmes, pénétrant leurs cœurs d'une ardente chaleur, purifiant tout leur être comme une fraîche brise, et illuminant le monde autour d'eux d'une lumière nouvelle ? S'il en était ainsi, il n'y avait qu'un nom qu'ils pussent lui donner ; il n'y avait qu'une comparaison pour exprimer l'éclat qui trahit l'aurore de l'amour : c'était la rougeur du matin, le lever du soleil. « Le soleil s'est levé, » disaient-ils, quand nous disons : « J'aime. » « Le soleil s'est couché, » quand nous disons : « J'ai aimé. »

Cette conjecture est pleinement confirmée par l'analyse du langage ancien. Le nom de l'Aurore en sanscrit est *Ushas*, identique au grec Ἕως : ces deux mots sont des mots féminins. Mais les Védas connaissent aussi une aurore masculine, ou plutôt un soleil naissant (*agni aushasya*, Ἑῷος). Cela posé, on est tenté de croire au premier coup d'œil que Ushas pourrait avoir pris en grec la forme de Ἑῶς. *S* est souvent changé en *r* : c'est une règle générale en sanscrit que *s* suivi d'une lettre moyenne devient *r*. En grec nous avons les formes laconiennes en ερ au lieu de ες ; dans le latin ancien, un *r* entre deux voyelles équivaut souvent à un *s* (*asa—ara*). Le mot *Ushas* lui-même a pris en latin la forme d'*Aurora*, qui est dérivé d'un intermédiaire *auros, auroris*, comme *Flora*, de *flos, floris*.

Mais quelque plausibles que puissent paraître de telles analogies, elles ont contre elles une grande difficulté. On n'a jamais encore trouvé un *sh* sanscrit, entre deux voyelles, qui soit représenté par un *r* grec. En conséquence Éros ne peut pas être *Ushas*.

Et cependant Éros est bien le soleil levant. Le soleil, dans les Védas, est souvent appelé le coureur, le coursier rapide, ou simplement le cheval. Dans la mythologie plus humanisée de la Grèce, et aussi dans plusieurs endroits des Védas, il est représenté debout sur son char, qui, dans les Védas, est tiré par deux, sept ou dix chevaux ; et en grec nous avons aussi le quadrige du soleil. Ces chevaux sont appelés *Haritas ;* ils sont toujours féminins. Ils sont qualifiés des épithètes de *bhadrâs*, heureux ou joyeux (I, cxv, 3) ; *kitrâs*, multicolores (I, cxv, 3) ; *gritasnâs*, baignés dans la rosée (IV, vi, 9) ; *svantâs*, au beau pas ; *vîtaprishkhâs*, avec des dos charmants (V, xlv, 10). Dans d'autres passages, cependant, ils prennent une forme plus humaine, et de même que l'Aurore, quelquefois appelée simplement Asvâ, la jument, est bien connue sous le nom de la Sœur, ces Haritas aussi sont appelées les Sept Sœurs (VII, lxvi, 5). Dans un passage (IX, lxxxvi, 37), elles paraissent comme « les Haritas avec de belles ailes. » Il est à peine besoin de dire après cela que nous avons ici le prototype des *Charites* grecques.

Il serait intéressant de suivre la voie que cette identité des Charites grecques et des Haritas sanscrites ouvre à la mythologie comparée ; mais il faut revenir à Eros, en compagnie de qui elles paraissent si souvent. Si, d'après les lois qui règlent les métamorphoses des mots ariens, nous transcrivons ἔρως en sanscrit, nous trouvons que son suffixe, ως, ωτος, est le même que la terminaison du participe du parfait, et correspond, par conséquent, au sanscrit *vant*, nominatif *vâ* (pour vân), génitif *vatas*. Comme il n'y a pas d'*e* bref en sanscrit, et qu'un ρ grec correspond à un *r* sanscrit, Ἔρως, ἔρωτος, s'il existait en sanscrit, aurait donc la forme de *Arvân*, *arvatas*. Or, *arvan*, dans le sanscrit moderne, signifie seulement un cheval ; mais dans les Védas, il a gardé bien plus de son pouvoir radical, et il est employé dans le sens de prompt, courant, véhément. Il est fréquemment appliqué au soleil, de telle façon que, dans quelques passages, il est employé pour le nom du soleil ; dans d'autres, comme substantif, signifiant cheval ou cavalier. Par l'influence irrésistible de la synonymie du langage ancien, et sans aucun effort poétique, le mot *arvan*, quoique destiné seulement à exprimer le rapide soleil, faisait vibrer d'autres idées qui changeaient graduellement le soleil en un cheval ou en un cavalier. Arvan signifie *cheval* dans quelques passages (Rigvéda, I, XCI, 20), et dans d'autres *cavalier* (I, CXXXII, 5). Le cavalier désigné en ces endroits est le soleil levant, et il y a un hymne entier adressé au soleil comme à un cheval. La formation du langage et de la pensée est si prompte, que dans les Védas le mythe revient, pour ainsi dire, sur lui-même; et un des poètes (I, CLXIII, 21) loue les brillants Vasus, parce que « du soleil ils ont fait un cheval. » Ainsi *arvan* devient par lui-même, sans aucun adjectif ni explication, le nom du soleil, comme *sûrya*, *âditya*, ou tout autre de ces anciens noms. Dans un passage du Rigvéda (I, CLXIII, 3), le poète dit au soleil : « Toi, ô Arvan (cheval), tu es Aditya (le soleil) : » et ailleurs (VI, XII, 6), Agni, ou le soleil, est invoqué sous le même nom.

Avant que nous puissions montrer comment les éléments de ce nom du soleil dans l'Inde entrent dans la composition primitive du nom du dieu de l'Amour en Grèce, il faut encore faire observer que les chevaux, c'est-à-dire les rayons du soleil, sont appelés non-seulement *haritas*, mais *rohitas* et *arushîs* (Rigvéda, I, XIV, 12) : « Attelle les arushis à ton char, ô brillant Agni ! attelle les harits, les rohits, et avec eux amène-nous les dieux ! » Ces noms ont pu être à l'origine de simples adjectifs, signifiant blanc, brillant et brun ; mais ils devinrent bientôt les noms de certains animaux appartenant aux dieux, selon leurs différentes couleurs et leur caractère particulier. De même qu'*arvat* était employé pour cheval, *arushî* est employé pour vache. Ces *arushîs*, ou vaches brillantes, appartiennent plus particulièrement à l'aurore, et au lieu de dire : « L'aurore paraît, » les anciens poètes des Védas disaient souvent : « les vaches brillantes reviennent » (Rigvéda, I, XCI, 1). Nous voyons aussi que les harits étaient quelquefois changés en sept sœurs ; les arushîs, qui étaient primitivement les vaches brillantes, subirent également cette métamorphose (Rigvéda, X, V, 5 ; X, VIII, 3).

Les savants qui s'occupent du sanscrit savent sans doute que *arushî* est, en réalité, le féminin de *arvâ* ou *arvân*, quoiqu'il y ait aussi une autre forme du féminin, *arvatî*. De même que *vidvân*, savant, forme son féminin en *vidushî* ; ainsi *arvân* fait *arushî*, forme qui explique pleinement la formation du féminin du participe passé en grec. En effet, vidvân : vidushî :: εἰδώς : εἰδυῖα. Le changement de *arvâ* en *arushî* est important pour notre sujet, parce qu'il jette une nouvelle lumière sur l'origine d'un autre mot dérivé d'*arvat*, le soleil ; ce mot est *arusha*, mot masculin et un des noms les plus fréquents du soleil dans les Védas. *Arusha*, génitif *Arushasya*, suit la déclinaison faible, et est formé comme διάκτορος, ου, au lieu de διάκτωρ, ορος ; comme le latin *vasum*, *i*, au lieu de *vas, vasis*; comme le prakrit *karanteshu* au lieu de *karatsu*, comme le grec moderne ἡ νύκτα, au lieu de ἡ νύξ. Ce mot d'*arusha*, tel qu'il est employé dans les Védas, nous ramène aussi près que possible du grec Eros, car Arushî est employé dans le sens de brillant (Rigvéda, VII, LXXV, 6) : « On voit les brillants chevaux tachetés nous ramener la brillante Aurore. » Les chevaux d'Indra, d'Agni, de Brihaspati, aussi rapides que le vent et aussi brillants que des soleils, ces chevaux, qui lèchent le pis de la vache noire, la nuit, sont appelés *arusha* ; la fumée qui s'élève du soleil brûlant au point du jour, les membres du soleil avec lesquels il gravit le ciel, la foudre que lance Indra, le feu qui est vu le jour et la nuit, tout cela est aussi appelé *arusha*.

Mais ce même mot d'*Arusha* paraît dans les Védas, ainsi que dans la mythologie grecque, comme le nom d'un enfant. Arusha est représenté dans les Védas comme le jeune soleil, le soleil qui chasse la sombre nuit, et envoie ses premiers rayons pour éveiller le monde. Quoique dans quelques-uns de ses noms il y ait une allusion à son caractère animal, il prend bientôt une forme purement humaine. Il est appelé *Nrikakshâs* (III, XV, 3), « ayant les yeux d'un homme, » et même ses ailes, comme Grimm (1) l'apprendra volontiers, ont, dans les Védas, commencé de pousser, puisqu'il y est une fois appelé *Arushâh suparnâs*, « le brillant soleil avec de belles ailes. »

De même qu'Eros est le fils de Zeus, Arusha est appelé l'enfant de Dyaus. Cet enfant est le premier des dieux, car il vient « au point du jour, au commencement des

(1) Voyez l'essai de Jacob Grimm sur *le Dieu de l'Amour*.

aurores. » Dans un passage, on lui assigne deux filles, différentes d'aspect, l'une ornée d'étoiles, l'autre brillante de la lumière du Soleil. Ces deux filles sont le Jour et la Nuit, appelées ailleurs les filles du Soleil. *Arusha* ne se présente pas comme le dieu de l'Amour, dans le sens grec, et l'amour, comme simple sentiment, n'a été déifié sous aucun nom dans les Védas. Le nom de Kâma, qui est le dieu de l'Amour dans le sanscrit plus récent, ne se trouve jamais dans les Védas avec des attributs personnels ou divins, sauf dans un passage du dixième livre, et encore l'amour y est plutôt représenté comme un pouvoir de la création que comme un être personnel. Mais il y a un autre passage des Védas où le nom de Kâma, l'Amour, est clairement appliqué au soleil levant. L'hymne entier (II, XXXVIII, 6) est adressé à Savitar, le Soleil. Il y est dit, « qu'il s'élève comme une flamme puissante, qu'il étend ses vastes bras, qu'il est comme le vent. Quand il arrête ses chevaux, toute activité ceses, et la nuit suit ses pas. Mais avant qu'elle ait fait à moitié son tissage, le soleil se lève de nouveau. Alors Agni va auprès de tous les hommes et de toutes les maisons ; sa lumière est puissante, et sa mère, l'Aurore, lui donne la meilleure part, la première adoration des hommes. » Puis le poète continue : « Il revient à grands pas, désireux d'obtenir la victoire ; l'amour de tous les hommes. L'éternel approche, laissant l'ouvrage (de la Nuit) à moitié terminé ; il suit le commandement du divin Savitar. » Cette expression : « l'amour de tous les hommes » peut signifier celui qui est aimé par tous les hommes, ou celui qui exauce les souhaits de tous les hommes ; cependant ce ne peut être par accident que le nom de Kâma, l'Amour, soit ainsi appliqué au soleil levant. Le caractère primitivement solaire du dieu de l'Amour, le bien-aimé de l'Aurore, n'a pas été oublié même dans les traditions plus récentes des Pourânas. Nous trouvons, en effet, qu'un des noms donnés au fils de Kâma, à Aniruddha, l'irrésistible (ἀνίκατος μάχαν) est Ushâpati, le seigneur de l'Aurore.

Les idées et les allusions qui se sont groupées autour des noms d'Arvat et d'Arusha dans les Védas, rendent ainsi parfaitement intelligibles les divers mythes relatifs à Éros, mythes qui semblent d'abord si contradictoires. Dans Hésiode, il est le plus vieux des dieux, né quand il n'y avait encore que le Chaos et la Terre. Dans les Védas, « Arusha est né au commencement de tous les jours. » Il est ailleurs le plus jeune des dieux, le fils de Zeus, l'ami des Charites, et aussi le fils de la principale Charis, Aphrodite, en qui nous ne pouvons guère manquer de découvrir une Eros féminine. Chacun de ces mythes trouve son explication dans les Védas. Il est représenté là comme « l'enfant, le fils de Dyaus; il attelle les Harits, et est, sinon le fils, du moins le bien-aimé de l'Aurore. » Dans la mythologie grecque, Eros a aussi plusieurs pères et plusieurs mères, et les parents que lui donne Sapho, le Ciel et la Terre, sont les mêmes que ses parents védiques, Dyaus et Idâ. Mais, quoique nous puissions faire remonter les germes et les racines des idées et des mots grecs jusqu'au riche sol de l'Inde, la fleur épanouie du langage arien, de la poésie et de la mythologie ariennes, appartient cependant à la Grèce, où Platon nous a appris ce qu'est Eros, et où Sophocle l'a chanté.

Hegel appelle la découverte de l'origine commune du grec et du sanscrit la découverte d'un nouveau monde;

la même chose peut se dire aussi de l'origine commune de la mythologie grecque et de la mythologie sanscrite. La découverte est faite, et la science de la mythologie comparée s'élèvera bientôt à la même importance que la philologie comparée. Nous n'avons expliqué ici que quelques mythes, mais ils appartiennent tous à un même cycle, et beaucoup d'autres noms auraient pu venir s'y joindre. Nous renvoyons les lecteurs qui prennent intérêt à cette géologie du langage au *Journal de Philologie comparée*, publié par le savant docteur Kuhn, de Berlin, qui a très-justement admis dans cet écrit périodique la mythologie comparée comme une partie intégrante de la philologie comparée, et qui a lui-même découvert quelques parallélismes frappants entre les traditions des Védas et les noms mythologiques des autres nations ariennes. Les Hippocentaures, les Chimères, les Gorgones, Pégase et les autres créatures monstrueuses qui effrayaient Socrate, ont été ainsi rendus à leur sens véritable. Je ne partage pas les vues du docteur Kuhn sur tous les points, et particulièrement en ce qui touche le caractère élémentaire des dieux; de même que Lauer, l'auteur regretté du *Système de la Mythologie grecque*, il les rattache trop exclusivement aux phénomènes passagers des nuages, des orages et du tonnerre ; je crois que dans leur conception primitive ils furent presque toujours solaires. Il y a cependant infiniment à apprendre chez ces deux savants, même quand nous ne pouvons accepter leurs conclusions. Sans doute il reste beaucoup à faire, et, même avec l'aide des Védas, toute la mythologie grecque ne sera jamais complétement déchiffrée et traduite. Mais ceci n'est point une objection. Il y a beaucoup de mots grecs dont nous ne pouvons trouver aucune étymologie satisfaisante, même avec le secours du sanscrit. Cela nous autorise-t-il à conclure que la langue grecque n'a aucune organisation étymologique ? Si nous trouvons un principe rationnel dans la formation d'une petite partie des mots grecs, nous avons le droit d'en inférer que le même principe qui se manifeste dans une partie régla la formation de l'ensemble ; et quoique nous ne puissions pas expliquer l'origine étymologique de tous les mots, nous ne dirons jamais que le langage n'a pas d'origine étymologique, ou que l'étymologie « traite d'un passé qui n'eut jamais de présent. » Ce qui s'applique à l'étymologie s'applique avec la même vérité à la mythologie. Il a été prouvé par la philologie comparée qu'il n'y a rien d'irrégulier dans le langage, il a été reconnu que ce que l'on prenait autrefois pour une irrégularité dans la déclinaison et dans la conjugaison tenait à la formation la plus régulière et la plus ancienne de la grammaire. Le même progrès s'accomplira, nous l'espérons, dans la science de la mythologie. La mythologie n'est qu'un dialecte, une antique forme du langage. Quoique roulant surtout dans le cercle de la nature, la mythologie était applicable à toute chose. Rien n'est exclu de l'expression mythologique ; ni la morale, ni la philosophie, ni l'histoire, ni la religion n'ont échappé au charme de cette antique sibylle. Mais la mythologie n'est ni la philosophie, ni l'histoire, ni la religion, ni l'éthique. C'est, pour employer une expression scolastique, un *quale* et non un *quid*, une forme et non quelque chose de substantiel. Cette forme, comme la poésie, la sculpture et la peinture, était applicable à presque tout ce que le monde ancien pouvait admirer ou adorer.

www.ingramcontent.com/pod-product-compliance
Ingram Content Group UK Ltd.
Pitfield, Milton Keynes, MK11 3LW, UK
UKHW020327250726
13967UKWH00004B/1905